결코 유난스럽지 않습니다

일러두기

· 이 책은 전 경희대학교 공우석 교수의 '환경지리학'과 '위기의 생태계와 미래' 강의 프로그램 중 대학생들의 환경보호 실천 내용을 모은 것이다.
· 실천 내용을 쓴 대학생들의 실명은 초상권 보호를 위해 공개하지 않는다.
· 본문 중 강조 및 구별해야 할 것은 홑따옴표(' ')를, 인용과 예문은 겹따옴표(" ")를 사용했다.
· 논문 제목은 홑꺾쇠(〈 〉)를, 도서·정기간행물은 겹꺾쇠(《 》)로 나누어 구분했다.

지구를 살리는 사소하지만 결정적인 방법

결코
유난스럽지
않습니다

공우석 · 전소진 · 김우재 지음

결코 유난스럽지 않습니다

1쇄 발행 2024년 6월 17일

지은이 공우석 · 전소진 · 김우재
펴낸이 조일동
펴낸곳 드레북스

출판등록 제2023-000148호
주소 경기도 파주시 탄현면 헤이리마을길 93-144, 2층 1호
전화 031-944-0554
팩스 031-944-0552
이메일 drebooks@naver.com

ISBN 979-11-93946-12-1 03300

인격적으로 점잖은 무게 '드레'
드레북스는 가치를 존중하고 책의 품격을 생각합니다

상상해보세요.

전 세계 80억 명의 사람들이 자신의 행동이

변화를 만들 수 있다고 믿기 시작한다면

우리가 무엇을 할 수 있는지, 세상이 얼마나 아름다워질지,

세상의 모든 생명체와 얼마나 조화로운 삶을 살게 될지.

이제 그 상상이 당신의 현실이 될 수 있습니다.

– 나탈리 카르푸센코(사진작가이자 환경운동가)

내가 평소에 하는 말과 다른 행동을 하고 있다는 것을 깨우친 뒤 나는 그처럼 좋아하던 커피부터 끊었다. 그리고 30년이 넘는 세월 동안 실천 중이다. 자신이 정말 좋아하는 것을 물리치기는 쉽지 않은 결정이고, 이를 꾸준히 지키기는 더욱 어렵다. 학생들을 가르치는 나부터 언행일치를 실천하면서 먼저 달라지는 솔선수범하기로 마음을 다졌다. 그동안 환경문제에 대해 내가 원인을 제공하는 가해자가 아니고 피해자라고 생각하고 행동했던 과거가 부끄러웠다.

이때부터 내가 배워 아는 것을 생활 속에서 실천하면서 지구환경에 부담을 주지 않는 항목을 하나씩 늘려갔다. 아침에 일어나서 잠자리에 들 때까지 일상을 되돌아보면서 하나씩 삶의 방식을 바꾸는 항목을 늘려갔다.

아침에 머리를 감고 몸을 씻을 때 수질과 하천 생태계에 부담을 주는 샴푸와 린스 등을 거의 쓰지 않은 지도 20년이 넘었다. 의생활의 경우 내가 지금도 입는 옷에는 30년이 훌쩍 지난 양복과 코트가 있다. 옷을 새로 살 때는 품질이 좋고 오래 입을 수 있는 친환경적인 상품을 골라 정당한 값을 기꺼이 치른다. 몽골에서 비싸게 주고 산 캐시미어 옷이 사막화를 부추겨 봄마다 우리에게 고통을 주는 황사의 원인이 된다는 사실을 알고 난 뒤로는 물건을 살 때 상품의 재료와 원산지도 꼼꼼히 살피고 있다. 특히 유행을 좇아 잠깐 입고 버리는 패스트 패션의 옷가지는 사지 않는다.

식생활에서는 필요 이상으로 고기를 많이 먹으면 식량 부족을 부추기고 환경에도 큰 부담을 준다는 것을 알고는 있었으나 선뜻 시도하지 못했던 변화에 도전했다. 여러 해 전에 도전했다가 실패한 채식을 5년 전부터 다시 시작했다. 소고기, 돼지고기, 닭고기 등 고기를 먹지 않는 일을 몇 년째 이어가고 있다. 물론 음식도 남기지 않고 모두 먹으려 노력하는 편이다. 음식을 가려 먹다 보니 본의 아니게 주변 사람들에게 불편을 줘서 미안한 마음이 크다.

농부가 친환경적으로 생산한 먹을거리를 소비자가 적정한 값을 치르고 살 수 있는 가게를 찾아가는 것은 오랜 습관이 되었다. 식재료를 살 때는 해외에서 들여왔거나 먼 거리를 이동해 온 채소나 과일 대신 가까운 지역에서 생산한 지역 상품을 고르려 한다. 이를 위해 친환경 농산물을 판매하는 한살림이나 생활협동조합 등의 동네 매장을 주로 이용한다.

주생활에서는 거실의 넓은 공간을 차지하던 소파와 TV를 치우고 살아온 지 20년이 넘었다. 소파와 TV는 거실에 꼭 있어야 할 줄 알았는데 아니었다. 요즘 유행한다는 복고풍의 레트로를 굳이 강조하지 않아도 라디오 방송은 TV보다 나의 상상력을 되살리기에 충분하다. 몇 년 전에 지인으로부터 물려받은 에어컨은 한 해에 열 손가락 이내로만 사용한다. 불필요한 전기 사용을 줄이기는 오랜 습관이다.

대기오염과 기후변화를 걱정하면서 승용차로 일터에 출퇴근할 수는 없어 25년 동안 지하철로 통근했다. 승용차 대신 전철과 걷기로 출퇴근하면서 환경과 건강을 동시에 지킬 수 있었다. 얼마 전에는 가족용 승용차를 디젤차에서 전기차로 바꾸었다.

산에 다니면서 자연을 탐구하다 보니 소중한 자연생태계가 얼마나 쉽게 망가질 수 있는지를 깨달았다. 산자락에 상처를 내고 자연에 부담되는 일이 달갑지 않아 대중적인 여가 활동이 된 골프나 스키를 해본 적이 한 번도 없다. 지인들과의 골프 모임에 동참하지 못하는 아쉬움도 감수하고 있다.

처음에는 지구를 지키기 위해 개인적으로 생각하고 실천 중인 것을 드러내 놓고 말하기가 쑥스러웠다. 귀찮아 보이는 행동을 주변에서도 반기지 않았고, 너무 유별나다는 말을 들을까 봐 내키지 않았다. 그래서 지구환경에 부담을 덜 주는 이런 행동을 주변에 내보이지 않고 개인적으로 실천했다. 그렇게 시간이 지나면서 나를 지켜본 주변 사람들이 내 의도를 이해하고 하나둘씩 동참했다.

환경 현안을 다루는 강의 시간에 내가 실천하는 지구를 살리는 활동 사례를 몇 차례 소개한 적이 있었다. 강의가 끝나고 따로 찾아와 실천 내용을 널리 전파해달라는 학생들이 있었다. 이에 용기를 내어 내친김에 학생들도 지구 살리기 활동을 생활 속에서 함께 행동하는 '친환경 실천 프로젝트'로 발전시켰다.

'환경지리학'과 '위기의 생태계와 미래' 수업의 친환경 실천 프로젝트는 현대사회가 당면한 기후변화와 생태계 문제를 지식으로 아는 데 그치지 않고 생활 속에서 실천하면서 해결하는 데 목표를 두었다. 이를 통해 지구촌의 환경 생태 문제들이 왜 발생하는지 원인을 밝히고, 문제들이 발생하는 과정을 되돌아보며, 대안을 찾고

자 했다. 한 학기 동안의 강의는 다섯 단계를 거쳤다.

첫째, 학생들은 개인별로 기후변화와 생태계 파괴를 가져올 행동을 멈추고 지구를 살릴 수 있는 친환경적 실천 항목을 세 가지 정도 찾는다. 지금까지 별다른 생각 없이 무심코 했던 행동 가운데 환경에 부담이 되는 일을 찾아낸 뒤 문제가 되는 활동을 멈추고 친환경적인 실천을 시작한다.

둘째, 기후변화와 생태계 교란을 부추길 수 있는 행동을 멈추고, 자원과 에너지를 합리적으로 소비하는 친환경적인 실천 행동에 참여해 지구에 부담을 주지 않는 길을 찾는다.

셋째, 개인적으로 기후변화와 생태계 문제를 개선하기 위해 실천한 행동이 주변 환경에 어떤 변화로 이어지는지 알아본다. 친환경적인 실천이 어떻게 지구환경을 개선할 수 있을지를 이전과 이후를 비교, 분석해 프로젝트 보고서를 만든다.

넷째, 개인적인 실천을 바탕으로 기업이 개선해야 할 부분이 있다면 소비자로서 기업에 개선과 시정을 제안한다. 제도 개선이 필요한 일은 유권자로서 정부에 권리를 주장하고 대책을 요구한다.

다섯째, 친환경적인 실천을 통해 절약한 금액은 기후변화와 생태계 문제를 해소하는 데 노력하는 비정부기구나 비영리단체 등에 기부한다. 이를 위해서는 기부할 기구나 단체들이 어떻게 운영되는지 회계와 재정 투명성 등을 확인한다. 이를 통해 시민사회의 건전한 감시자로 참여함과 동시에 사회 발전에 힘을 보탠다.

여기에 조금 더 보태어, 앞으로 환경문제를 찾아 묻고 답하는 프로젝트 학습활동에 관심 있을 학교, 단체, 기업, 기관을 위해 친환경 실천 프로젝트의 진행 과정을 소개한다.

첫째, 개인적으로 자신이 실천하고 조사할 항목을 정하고 선생님에게 제출한다. 학기 중반 이후에는 제안서의 완성도에 따라 우선 선정된 학생들이 순차적으로 발표한다. 이때 제출한 자료는 발표 순서와 관계없이 나중에 수정하지 못하므로 모든 학생에게 똑같은 준비 시간이 주어져 형평성을 유지할 수 있다.

둘째, 발표 시간은 질의 7분, 응답은 3분 정도다. 발표하는 내용은 선생님뿐만 아니라 학생들도 평가에 참여하는 다면평가 방식을 택한다. 수업에 참여하는 학생들은 발표자의 친환경 실천 내용을 평가해 학기 말에 제출한다. 학생들이 개별적으로 작성한 평가표는 발표한 학생과 평가에 참여한 학생 모두의 성적에 반영한다.

셋째, 친환경 실천 프로젝트에 대한 개인 보고서는 친환경적인 실천을 통해 얻은 변화를 담은 내용을 문서나 동영상으로 만들어

학기 말에 제출한다.

　나는 수업에 참여한 학생들에게 지구환경에 도움 되도록 자신의 생활방식을 세 가지 이상 바꿔보기를 제안했다. 학생들은 지금까지 무심코 했던 행동 가운데 사소할지라도 멈추거나 바꾸면 지구환경에 어떤 변화를 이끌 수 있을지 성찰할 수 있다.

　이런 친환경 실천이 자신뿐만 아니라 사회 발전에 기여할 수 있음을 사례를 통해 알리고 싶었고, 이런 활동에 동참하는 사람이 많아지기를 바라는 마음으로 이 책을 엮는다. 이 책은 프로젝트에 참여했던 학생 두 사람이 공동 저자로 참여해 학생들의 27가지 친환경 실천 사례를 소개한다. 독자들의 이해를 돕기 위한 내용을 추가했으며, 공저자로 참여한 청년들도 그 과정을 함께했던 학생이다. 강의에 참여했던 학생들이 쓴 글을 가능하면 그대로 옮기다 보니 내용과 문맥이 고르지 못할 수 있음을 헤아려주기 바란다.

차례

세상을 바꾸는 첫걸음

친환경 생활이
우리에게 말하는 것

2024년 3월, 유엔환경계획(UNEP)의 보고서에 따르면 매일 10억 끼 분량의 음식물이 버려지고 있다. 음식물쓰레기 배출량은 환경에 많은 부담을 주는 우리의 식문화를 보여주는 거울이다. 식사할 때 잔반 남기지 않기, 배달음식 줄여보기 같은 방법을 통해 조금씩 환경 실천을 시작해보면 어떨까? 어떻게 시작할지 막막하다면, 같은 고민을 하던 여덟 명의 실천 사례를 들여다보자.

용기 내어 실천한
'용기내 챌린지'

현대사회가 직면한 문제 중 하나로 환경문제를 뺄 수 없다. 환경오염은 이제 교과서나 신문, 방송 등의 매체에서만 볼 수 있는 것이 아니다. 당장 폭염일수가 비정상적으로 늘어나 우리 모두를 지치게 하지 않는가. 이런 기후변화 주제와 함께 플라스틱 쓰레기 문제를 빼놓을 수가 없다. 버려진 플라스틱 쓰레기를 먹고 괴로워하는 거북이의 모습은 더는 낯설지 않다. 폐플라스틱을 처리하기 위해 소각하면서 발생하는 이산화탄소와 유독가스는 우리와 환경을 직·간접적으로 위협한다. 더구나 플라스틱은 썩는 데 500년 넘게 걸리는 지구의 골칫거리다.

전 세계 연간 플라스틱 생산량은 1950년 150만 톤에서 2019

년 4억 6,000만 톤으로 70년 동안 약 306배 이상 폭발적으로 증가했으며, 지금까지 생산된 플라스틱의 절반 이상은 2000년 이후에 생산되었다. 일인당 연평균 플라스틱 사용량을 보면 미국이 221킬로그램으로 가장 많고, 유럽 국가들이 114킬로그램, 한국과 일본은 각각 69킬로그램이다. 플라스틱은 주로 포장재(44%)로 사용되며, 건축재(18%)와 자동차 부품(8%), 전기·전자제품(7%), 가정·레저·스포츠제품(7%), 기타(12%) 등으로 쓴다.

세계적으로 플라스틱을 너무 많이 생산하고 소비 탓에 폐기물도 급증했다. 플라스틱 폐기물은 2000년 1억 5,600만 톤에서 2019년 3억 5,300만 톤으로 두 배 이상 증가했다. 플라스틱은 사용된 뒤 대부분(91%) 버려진다. 2019년 기준 전 세계 플라스틱의 재활용률은 9%에 불과하다. 50퍼센트가 매립되며 19퍼센트는 소각되고 나머지 22퍼센트는 제대로 관리되지 않고 버려지거나 밖에서 태우면서 환경오염을 부추긴다. 2019년에는 플라스틱 쓰레기 610만 톤이 물속에 버려졌고, 170만 톤은 바다로 들어갔다. 현재 바다에는 약 3,000만 톤 플라스틱 폐기물이 있다고 추정된다.

환경부 통계에 따르면 코로나19가 확산된 2020년 상반기 동안 우리나라의 플라스틱 폐기물량은 하루 평균 848톤으로 예전 같은 기간과 비교해 15.6퍼센트 늘었고, 비닐 폐기물의 발생량은 하루 평균 951톤으로 11.1퍼센트 증가했다. 늘어나는 플라스틱 폐기물은 자연과 사람에 피해를 미치며 잘게 부스러진 미세플라스틱은 생태계 전반에 매우 위협적이다.

그린피스 연구 보고서 〈2023년 플라스틱 대한민국 2.0〉에 따르면 2021년에 발생한 플라스틱 폐기물은 총 1,193만 톤으로, 2010년보다 약 2.5배 늘었고, 코로나19 이전인 2017년 대비 1.5배 늘어났다. 특히 플라스틱 가운데 배달음식 포장재를 포함하는 '기타 폐합성수지류' 배출량은 2021년에 하루 평균 1,292톤으로 2019년(716톤/일)보다 80.6퍼센트나 늘었다. 2020년 기준 일인당 연간 생수 페트병 109개(1.6kg), 일회용 플라스틱컵 102개(1.4kg), 일회용 비닐봉투는 533개(10.7kg), 일회용 플라스틱 배달용기 568개(5.3kg)를 사용하고 버렸다.

플라스틱은 기후위기의 원인이기도 하다. 원유를 가공해 플라스틱을 제조, 가공하는 과정뿐만 아니라 소비, 수거, 처리하면서 온실기체를 배출한다. 플라스틱을 생산하면서 매년 약 10억 톤, 가공 단계에서 약 5억 톤의 온실기체를 배출한다. 플라스틱이 생애주기 동안 배출하는 온실기체의 양은 전 세계 배출량의 3.4퍼센트에 이른다.

나는 플라스틱을 어떻게 줄일 수 있을지를 계속 고민했고, 나부터 플라스틱 사용을 줄이는 작은 실천을 시작해야 한다고 결론을 내렸다. 주변을 살펴보니 배달음식을 시킬 때 많이 발생하는 플라스틱 일회용 용기가 거슬렸고, 이것부터 줄여보기로 했다.

과거 배달 및 포장 주문이 많지 않던 때는 중식당에서 짜장면을 시켜 먹어도 나중에 그릇을 수거해가곤 했다. 그런데 어느 순간부터 음식을 주문하면 많은 일회용 용기가 버려지는 것이 당연한 풍경이 되었다. 이런 일회용 용기는 한 번 사용 후 다시는 쓰지 않고 버려지고, 쓰레기가 되어 환경에 부담이 된다. 플라스틱 쓰레기 문제 해결 방법을 찾던 중 '용기내 챌린지'를 알게 되어 동참하기로 했다.

'용기내 챌린지'는 2020년 세계적 환경단체 그린피스 서울 사무소에서 홍보해 유명해졌다. 음식 포장으로 발생하는 불필요한 쓰레기를 줄이자는 취지에서 '용기(勇氣, courage)를 내서 용기(容器, container) 내(內)'에 식재료나 음식의 포장을 장려한다. 흔히 음식 포장에 사용되는 일회용 플라스틱 통 대신 천 주머니, 에코백, 다회용기 등에 식재료나 음식을 포장해 오는 운동이다. 식재료와 음식을 예전과 다르게 포장하기만 해도 포장용으로 낭비되는 비닐, 플라스틱 등의 쓰레기를 크게 줄일 수 있다. 더군다나 뜨거운 음식을 플라스틱이나 스티로폼 용기에 담을 때 발생하는 환경호르몬 문제도 심각하다.

나는 전화로 피자를 주문할 때 직접 용기를 챙겨 갈 테니 거기에 담아달라고 했다. 사장님이 이상하게 생각하지 않을지 쑥스러웠지만, 환경을 위한 활동이라 생각하니 괜찮아졌다.

한 번 참여해보니 개선해야 할 점들이 계속 떠올랐다. 음식을 가져갈 때 비닐봉지를 받지 않기 위해 에코백 같은 개인용 가방 챙기기, 플라스틱 수저와 일회용 나무젓가락 사용하지 않기, 만약 시간과 거리 문제로 '용기내 챌린지'에 참여할 수 없을 때는 차선책으로 분리배출이라도 깔끔히 하기 등 생각해보면 실천할 수 있는 부분이 많다. 예를 들어 배달음식을 시킬 때 음식 때문에 비닐봉지나 배달 용기에 기름기가 묻는다. 이때 기름기를 바로 물로 씻지 않고 휴지나 종이 행주로 먼저 내용물을 닦아내면 물을 절약할 수 있다.

이 운동에 참여하면서 상품을 생산하는 기업이 적극적으로 나서야 한다고 느꼈다. 기업이 처음부터 생산 과정을 점검해 친환경 제품 포장을 개발하기 위해 노력하면 배출되는 쓰레기의 양 자체가 줄어들기 때문이다. 그렇다고 개개인의 노력이 무의미하다는 말은 아니다. 사소해 보여도 나부터 참여한다면 환경을 보호하기 위해 노력하는 사람이 늘어나고, 이런 인식이 확산하면서 모두의 변화로 이어질 것이다. 인스타그램에 '용기내 챌린지' 참여 후기 글이 많이 올라오고 있고, 여러 유명인도 참여 후기 글을 올렸다. '#용기내_챌린지' 또는 '#용기내_캠페인' 등의 해시태그를 붙였다. 이렇게 환경운동 참여를 권장하는 분위기가 형성되면 더 많은 이들이 환경보호에 참여하고, 기업의 인식도 달라지리라 예측할 수 있다.

'용기내 챌린지'에 처음 참여할 때는 여러 가지가 귀찮고 번거롭다. 하지만 개인이 쓰레기 감소를 위한 실천에 참여하고 기업과 정부도 동참하면 후손에게 안전한 세상을 물려줄 수 있다. 작은 실천이라도 지구는 우리가 가진 것이 아니라 후손들에게 빌렸다는 마음가짐으로 환경 보존을 위해 노력한다면, 그것은 환경보호가 공허한 말로 끝나는 것이 아닌 변화를 이끌어 갈 것이다.

배달음식 없는
점심 도전하기

배달음식과 잔반 줄이기

통계청에 따르면 2023년 음식 배달 온라인 거래액은 약 26조 4천억 원을 기록할 정도로 크게 성장했다. 배달음식은 조리된 음식이 내가 있는 곳까지 빠르게 배달되고 맛도 좋고 먹기도 편리하다는 장점이 있다. 그러나 배달음식을 자주 주문하는 것은 환경에 좋지 않은 생활습관이다. 음식이 배달되는 과정에서 수많은 일회용품과 비닐봉지가 사용되기 때문에 많은 쓰레기가 발생하고, 안 먹는 밑반찬 등 음식쓰레기 배출이 늘어나기 때문이다. 그 외에도 배달원들이 타고 다니는 오토바이가 화석연료를 연소하는 과정에서 이산화탄소를 배출해 대기 환경을 악화시키고, 소음공해를 유발해 지역 주민이나 보행자에게 스트레스를 주는 원인이 될 수 있다. 이렇듯 배달음식을 자주 시켜 먹는 식습관은 여러 가지 환경문제를 발생시키며 경제적 부담을 줄 수 있는 생활습관이다. 그래서 나는 배달음식과 잔반 줄이기를 실천해보기로 했다.

프로젝트 기간은 33일에 걸쳐 진행했으며, 이 가운데 26일을 학생식당에서 점심을 먹고 모든 식사에서 잔반을 남기지 않을 수 있었다.

배달음식이 환경에 미치는 부작용을 줄이기 위해 점심때마다 학생식당을 이용했다. 단순히 학생식당에서 점심을 먹고 거기에 그친다면 반쪽짜리 친환경 활동이 될 것이다. 식사할 때 음식쓰레기도 남기지 않아야 진정한 친환경 활동을 실천하는 중이라고 생각했다. 학생식당은 다른 식당과 다르게 식사량을 조절해 배식받을 수 있으므로 내 선택으로 음식쓰레기를 만들지 않거나 배출량을 줄일 수 있다. 이에 친환경 활동을 구체적으로 '학생식당에서 점심을 먹고 밥을 남기지 않기'로 정했다.

밥과 반찬은 남기지 않기

세계식량계획 WFP와 국제농업개발기금 IFAD 등 유엔 산하 5개 기구는 2022년 전 세계에서 7억여 명이 굶주림을 겪었다고 알려졌다. 내가 음식을 남겨 버리고 다이어트를 고민하는 사이 가난한 나라에서는 굶는 사람이 생겼다. 프로젝트 기간 33일 중 26일 동안 학생식당에서 점심을 먹었고, 모든 식사에서 밥을 남기지 않았다. 그리고 학생식당이 운영되는 오전 11시부터 오후 2시 사이에 점심을 먹기 위해 아침 일찍 일어나 오전 일정을 마무리한 뒤 점심을 마치고 오후 일정에 참여하는 규칙적인 생활습관을 들였다.

학교식당을 이용한 친환경 실천은 여러 장점이 있었다. 첫째, 일회용 용기를 사용하지 않아 플라스틱과 비닐봉지와 같은 쓰레기를 줄일 수 있었다. 둘째, 내가 먹고자 하는 양만큼의 음식을 배식받으니 음식쓰레기 배출량도 감소했다. 셋째로, 배달 과정에서 오토바이를 이용해 발생하던 이산화탄소 배출도 줄어든다. 학생식당을 이용하면서 자극적인 배달음식을 멀리하다 보니 균형 잡힌 식단을 이어갈 수 있는 장점도 있다.

배달음식을 소비하지 않는 실천을 이어가기 어려운 날도 있었다. 실천 초기에는 바깥에 나가 점심을 사 먹기보다 잠을 더 자고 배달시키고 싶은 마음이 들곤 했다. 과제 제출이 얼마 남지 않아 바쁜 날에는 학생식당까지 가지 못하고 편의점 음식으로 끼니를 때우기도 했다. 날씨가 점점 더 더워지면서 학생식당을 찾아가려 학교 캠퍼스를 오르내리기가 귀찮은 날도 있었다. 배달음식 없는 점심 먹기를 실천하다 보니 어느새 기숙사에서 살아도 규칙적인 점심 생활습관을 들이고, 환경에 부담을 줄이는 식습관을 이어갈 수 있어서 뿌듯했다. 친환경 활동을 실천하면서 마주했던 여러 어려움보다 그 과정에서 내게 일어난 변화가 더 값졌다.

새로운 식문화에 맞는 제도가 필요해요

학교식당을 이용한 이유는 배달음식이 가져오는 환경문제 때문이었다. 주문 배달음식 시장이 성장하면서 사람들은 집에서 편하게 음식을 먹을 수 있게 되었지만, 배달음식 시장의 급격한 성장은 여러 가지 문제를 일으켰다. 가장 심각한 문제는 배달음식 주문이 많아진 만큼 쓰레기 배출량도 늘어난다는 점이다. 배달음식 2인 세트를 기준으로 주문 1회당 평균 9.7개의 일회용품 쓰레기가 배출되고 있으며, 재질과 세척 상태, 크기 등 재활용 기준을 보수적으로 적용하면 일회용품 쓰레기 중 약 한 개 정도만 재활용될 수 있다. 즉 배달음식 주문으로 발생하는 쓰레기의 90퍼센트는 소각 또는 매립된다. 배달음식 용기는 부피가 크고 음식이 쉽게 닦이지 않아 처리하기 어려운 일회용품 쓰레기가 된다.

배달음식 주문이 급증함에 따라 배달음식의 환경문제에 대한 문제의식도 확산하고 있다. 소비자들은 배달음식을 주문할 때 쓰레기를 사지 않을 권리, 즉 다회용기 선택을 보장하라고 목소리를 높이고 있다. 그런데도 배달음식에 따른 환경문제가 계속되는 원인은 배달음식 시장이 생산자책임재활용제도의 규제를 받지 않기 때문이다. 생산자책임재활용제도는 제품 생산자나 포장재를 이용한 제품의 생산자에게 그 제품이나 포장재의 폐기물에 재활용 의무를 부여해 재활용하게 하고, 이를 이행하지 않으면 재활용에 드는 비용 이상의 재활용 부과금을 생산자에게 부과하는 제도다. 이는 매출 규모에 따라 적용 대상이 달라지는데, 음식점들 상당수와 배달 관련 업체는 규모가 작아

규제를 피해가고 있다.

배달음식 시장은 환경문제를 최소화할 수 있는 방향으로 나아가야 한다. 소비자들뿐 아니라 정부 차원에서도 배달음식의 환경문제를 심각하게 인식하고 있다. 배달음식의 환경문제를 해결하려면 근본적으로 개인이 배달음식 주문 자체를 하지 않거나 그 횟수를 최소한으로 줄여야 한다. 하지만 배달음식은 코로나19 이후에 사람들의 새로운 소비패턴으로 자리 잡았고, 배달음식 이용은 계속 이어지리라고 전망된다. 그렇기에 환경문제를 우려하는 소비자들은 계속해서 목소리를 내야 하며, 배달음식업계와 정부는 친환경 식문화를 위해 대책을 마련해야 한다.

현시점에서 다회용기 사용 및 수거는 배달음식 시장의 새로운 사업 아이디어로 주목받는 듯하다. 식기 대여 및 세척 전문 스타트업 뽀득은 자체적인 세척 기술과 식기 유통망을 통해 배달음식의 다회용기 사용 문화를 확대해가고 있다. 락앤락 · SGC 솔루션 등 플라스틱 용기 생산업체에서는 배달 및 방문 포장을 위한 다회용기를 선보이며 소비자들에게 호응을 얻고 있다. 실제로 '서울 재즈 페스티벌 2023'은 일회용품 없는 친환경 축제로 진행했다. 페스티벌 행사장 내 음식 부스에서 주문하면 다회용 컵과 용기, 숟가락과 포크를 제공하고, 다 쓴 용기는 다회용기 수거함에 반납하는 시스템이었다. 여러 행사장에서 배달음식으로 인해 쏟아지는 일회용품 쓰레기로 고민하던 중 서울시는 다중이용시설 및 대규모 축제와 행사에서 일회용 폐기물 감량을 위해 여러 다회용기 서비스 업체들을 사업자로 선정해서 다회용기를 지원하고 있다.

경제적인 유인책이 있다면 다회용기 사용이 아직 미흡한 배달음식 시장을 변화시킬 수 있다. 기업도 환경문제를 해결하기 위해 소비자의 요구에 맞춰 변화해야 한다. 배달음식 시장은 배출되는 쓰레기 문제를 해소하기 위해 노력해야 하며, 소비자들의 욕구를 반영할 수 있도록 다회용기 사용 및 수거를 새로운 문화로 확산시켜야 한다.

데이터플랫폼 기업인 모바일인덱스의 조사에 따르면, 배달의민족·쿠팡이츠·요기요 등 음식배달앱의 월간활성화 총 이용자수는 2022년 3,681만 명에서 2023년 2,923만 명으로 약 20퍼센트 줄었고, 배달 지출액은 33퍼센트 크게 줄었다. 음식배달앱 이용량은 감소했으나 손질된 재료와 양념이 포장된 반조리식품인 밀키트 소비량은 30.4퍼센트 크게 증가했다. 시장조사업체 유로모니터에 따르면 밀키트 시장은 2019년 1,017억 원을 시작으로 꾸준히 성장해왔으며 규모는 커지고 있다. 국내 밀키트 시장은 2025년에는 약 6천억 원을 웃돌 전망이다. 문제는 밀키트도 배달음식 못지않게 플라스틱과 비닐 포장을 쓰레기로 배출한다는 점에서 친환경적이지는 않다는 데 있다.

탄소발자국을 줄이는 비건 식단

비건 식당 찾기가 힘들어

채식은 식물만 먹는 식습관이라고 아는 사람이 많다. 사실, 채식인(vegetarian)은 여러 종류로 나뉜다. 이 중 비건(vegan)은 동물성 식품은 먹지 않고 과일, 채소 등 식물성 식품만을 먹는 순수 채식인이다. 이와 함께 식물성 식품과 유제품(우유·치즈·버터 등)을 먹는 락토(lacto), 식물성 식품과 달걀을 먹는 오보(ovo), 식물성 식품과 유제품, 달걀을 먹는 락토오보(lacto-ovo), 식물성 식품과 유제품, 달걀, 해산물까지 먹는 페스코(fesco), 붉은 살코기는 먹지 않으나 우유, 달걀, 닭고기까지만 섭취하는 폴로(pollo), 주로 채식을 하지만 때때로 육식을 하는 플렉시테리안(flexitarian) 등이 있다.

국내 채식인구는 200만 명을 넘어서면서 채식당 정보는 '비건로드', '채식한끼', '한국채식연합', 'happycow' 등에서 검색할 수 있다. 채식 재료를 구입할 수 있는 곳은 '비건어게인', '러빙헛' 등 여러 앱에 많은 정보가 있어 선택의 폭이 넓어졌다.

이처럼 몇 년 전부터 비건 관련 정보가 알려지고 비건 식습관을 하는 사람이 생겨났지만, 여전히 완전한 비건 식품과 비건 식당을 찾기는 어렵다. 한식에서는 대표적인 우리 음식인 김치 없는 식단을 상상하기 힘들다. 김치는 주로 해산물을 이용한 젓갈로 양념을 만든다. 우리 음식에는 채소 반찬이 많기는 하지만 주된 요리에는 채소보다 고기를 재료로 만든 음식이 많은 편이다. 된장찌개나 김치찌개 등에도 육류를 이용한 육수나 한 입 크기로 썬 고기가 기본으로 들어간다.

이런 상황에서 비건을 지향하는 사람의 선택지는 주로 샐러드로 몰릴 수밖에 없다. 채식 전문 식당에서도 비건 문화가 먼저 등장한 문화권의 음식을 테마로 하다 보니 콩고기로 만든 소스가 들어간 파스타나 리조또가 대부분이다.

외식 메뉴가 주로 고기나 해산물이 많이 들어간 탓에 진정한 의미의 비건 음식을 찾기가 어려웠다. 외부에서 사 먹을 때는 조리 단계에서 고기를 빼달라고 요청하거나, 위에 얹어 나오는 고기를 떼어내어 일행에게 주거나, 그조차 여의치 않으면 버렸다. 정해진 레시피를 바꿔 달라고 요청해도 받아들여지지 않는 경우가 많고, 만두처럼 이미 소를 만들어 두는 음식은 바꿀 수 없다. 음식에 포함된 고기를 버리는 것은 동물을 기르고 재료로 만드는 가공 단계에서 발생한 모든 탄소가 다시 음식쓰레기로 바뀌는 가장 비효율적인 대처 방식이었다.

찾기 힘들다면 직접 만들어볼까

그래서 내가 선택한 것은 육류를 먹지 않는 대신 유제품과 생선은 먹는 페스코 단계의 음식들이었다. 나는 생선요리나 달걀과 우유 등이 들어간 음식을 주로 사 먹었다. 그러나 공장식 축산을 통해 생산된 달걀이나 유제품을 이용하거나 생태계를 망가뜨리는 어업을 통한 식재료로 만든 음식을 먹는다면 진정한 의미의 환경을 위한 실천이라고 보기 어려웠다. 간식으로 소비하는 빵과 쿠키 등도 많은 버터와 우유, 먼 거리에서 수입해 오는 밀을 이용한다는 점에서 탄소 배출 문제에서 벗어나지 못한다. 하지만 매번 이런 문제를 생각하며 완벽한 식단을 선택하기는 어렵다.

그렇다면 친환경 실천을 위해 비건 식재료를 사서 음식을 만들고 식물성 빵을 직접 만들어 보면 어떨까? 내가 만든 음식의 요리 방법은 주로 유튜브 레시피를 참고했다. 음식을 만드는 일은 시간이 많이 소요되는 일이지만 즐거운 도전이다. 치즈나 버터, 우유 등 비건 식재료를 살 때 성분을 확인하는 데도 시간을 들여야 했다.

그 때문에 비건 제품만 판매해서 소비자가 힘들게 제품의 성분을 살펴보지 않아도 되고 빠르게 구매할 수 있는 '채식한끼몰'을 둘러보았다. 다른 쇼핑몰과는 달리 '비건'을 검색하지 않아도 비건 만두나 치즈 등을 쉽게 살 수 있다. 하지만 같은 음식이라도 쿠팡·쓱 배송 등에서 구매하는 것보다 가격이 비싸거나 종류가 적어 아쉬움이 남긴 했다.

가장 쉽게 만들 수 있는 식물성 디저트는 통밀 스콘이다. 식물성 재료로 만든 빵은 우유·달걀·버터 등 제과 제빵의 주요 식재료를 식물성 재료로 대체한다. 버터의 풍미는 현미유가 대신하고, 밀가루는 일반 빵과 같게 쓰거나 푸드 마일리지가 낮은 로컬 통밀가루를 사서 사용하고, 우유 대신에 오트밀 두유 등을 이용했다. 이렇게 비교적 재료가 단순한 제빵은 식물성 재료로 대체하기가 어렵지 않을 뿐만 아니라 유제품에 장이 예민한 사람이라면 오히려 빵을 먹고 뱃속도 편안할 수 있으므로 추천한다.

나의 비건 식단 공유하기

한편, 육식 줄이기 친환경 실천 내용을 친구들과 공유하기 위해 SNS를 활용했다. 나 혼자 먹고 생각하는 데에 끝내지 않고 일주일을 마무리하며 그 주에 가장 추천하고 싶은 '고기 없는 식단'을 개인 SNS에 올려 더 많은 사람이 육식 줄이기를 실천하는 데 도움을 주고자 했다.

SNS에 업로드한 후 누구나 부분적으로 채식을 하는 세미 베지테리언을 도전할 수 있음을 홍보했다. 육식 줄이기 프로젝트는 이렇게 일주일에 네 번씩 '고기 없는 날'을 정하고, 일주일에 한 번 SNS를 통한 홍보로 탄소발자국을 줄일 수 있는 육식 줄이기 식단을 제안했다.

　집을 떠나 객지에서 생활하다보면 집밥이 떠오르고 해외를 여행할 때면 한식을 먹고 싶은 것처럼 식습관은 꽤 강력하다. 갑자기 식습관을 바꾸고 비건이 되라는 말을 들으면 반감부터 앞서는 사람도 있다. 하지만 내가 먼저 친환경 실천을 즐기고 그런 일상을 공유한다면 흥미를 느낀 누군가의 동참에 도움이 된다. 그렇게 함께 탄소발자국을 줄이는 동안 우리 모두가 지구를 살리는 희망의 이름이 되리라 믿는다.

나는 채소를
재배한다

거창하지 않아도 좋아

우리나라의 식품 수입의존도는 매우 높다. 식품의약품안전처에 따르면 2020년에서 2021년 사이 식품 수입 건수는 약 59퍼센트, 수입 물량은 약 16퍼센트, 수입 금액은 29퍼센트 정도 증가했다. 식품 수입이 많아지면 그만큼 이를 실어 나르는 선박과 비행기, 자동차, 열차의 운행 횟수도 늘어난다. 물류의 이동이 늘면 당연히 이산화탄소 배출량이 증가하고 온실효과와 지구온난화를 부추긴다.

식량안보라는 말이 이제 낯설지 않으며, 이 역시 결국에는 환경에 나쁜 영향을 미친다. 식량 확보를 위해 국가 간 과학기술 연구 및 발전이라는 선의의 경쟁으로만 흐르면 괜찮지만 그러지 않을 가능성도 있다.

이런 생각이 들자, 나부터 집에서 작은 농사를 해보기로 했다. 초등학생 때 부모님과 주말농장을 한 경험도 있으니 즐거웠다. 채소를 직접 길러보기는 거창한 생각에 비해 아주 사소한 행동일 수도 있다. 하지만 가만히 있기보다 나은 선택이고, 변화는 사소한 실천에서부터 시작된다고 믿는다.

처음에는 친구들과 주말농장을 운영하려 했으나 비용 문제가 발목을 잡았다. 집 근처가 아닌, 외곽으로 나가기도 힘들었다. 그래서 집에서 작은 텃밭을 제작해 토마토·상추·무순 같은 작은 채소를 직접 재배해서 먹기로 했다.

집에서 시작하는 도시농업

화분 몇 개에 텃밭을 조성하는 것으로 농업이라 부르기는 민망했지만, 제대로 실천하기 위해 천연비료와 천연살충제도 사용하지 않기로 했다. 작물을 기르는 비료는 달걀 껍데기와 쌀뜨물을 이용해 만들 수 있다. 달걀 껍데기를 말리기 전에 안에 붙은 얇은 막을 제거한 뒤 햇빛에 바짝 말린다. 마른 달걀 껍데기를 잘게 부수고, 믹서에 넣어 잘게 갈아준다. 두세 번 정도 갈면 달걀 껍데기가 가루처럼 변한다. 이것을 텃밭 화분에 골고루 뿌려주고 물을 주면 된다.

쌀을 씻으면서 생긴 쌀뜨물은 1.8리터 정도를 준비한다. 쌀뜨물은 처음 받으면 농약이 섞여 있을 수 있으니 사용하지 않도록 한다. 쌀뜨물을 페트병에 넣고 물 50밀리리터와 설탕 한 숟가락, 천일염 한 숟가락을 넣고 섞은 후 서늘한 곳에서 발효한다. 발효는 추운 날에는 보름 정도 걸리지만, 날씨가 더우면 일주일 정도이면 충분한데, 내가 발효시킬 때는 덥지도 춥지도 않아 열흘 정도 걸렸다.

그사이에 채소 씨앗을 사서 길러보았다. 첫 시도에서는 새싹이 고르게 자라지 않고 상태가 좋지 않아 쌈을 싸 먹을 정도로 크지 않았다. 하지만 두 번째 시도에서는 괜찮게 자라 집에서 고기를 먹을 때 함께 식탁에 올렸다.

처음에는 환경보호를 이유로 집에서 채소를 길러보기 시작했지만, 하다 보니 다른 장점도 찾을 수 있었다. 마음이 편안해지고 힐링이 되었다. 직접 재배한 상추를 먹어보니 기분도 달랐다. 내 손으로 만들었다고 생각하니 맛이 더 특별했다.

집의 텃밭으로는 기후변화에 큰 영향을 미칠 수 없다. 매일매일 수입 식량이 대규모로 오는데 한 사람의 도시농업이 가져오는 효과는 매우 미미하기 때문이다. 하지만 화분 몇 개에서 시작한 도시농업은 스스로 무언가 해냈다는 마음이 들고, 이는 더 많은 실천을 할 수 있는 원동력이 되어주었다. 이번 활동은 성취감을 느끼기에 충분히 성공적인 도전이었다.

텀블러 사용 습관을
길러볼까

언제 어디서나 텀블러 사용하기

운동하다 보면 수분을 보충하기 위해 평소보다 물을 더 자주 마신다. 그런데 보통 정수기 옆에 있는 종이컵은 아주 적은 양의 물만 담을 수 있어 운동하는 중간에 여러 개의 종이컵을 사용해야 한다. 별다른 생각 없이 종이컵을 사용하다가 문득 운동할 때 낭비되는 종이컵이 너무 많다는 사실에 놀랐다. 그래서 운동하는 동안 텀블러를 사용하는 친환경 실천을 하기로 했다. 나는 일주일에 평균 네 번 운동하므로 결과적으로 한 달에 최소한 16개의 종이컵을 사용하는 셈이었다. 그래서 프로젝트 실천 기간만이라도 종이컵을 사용하지 않고 텀블러를 들고 다녔고, 주변 사람들에게도 텀블러 사용을 권유하며 종이컵 사용을 줄이고자 했다.

일회용 컵을 줄이는 방법의 하나는 여러 번 재사용이 가능한 텀블러를 사용하기다. 텀블러 사용이야말로 환경을 보호하는 가장 쉽고 모두가 아는 흔한 방법이며, 누구나 할 수 있는 제로 웨이스트 실천이다. 그래서 최대한 텀블러를 자주 들고 다녔다. 그리고 이 실천을 다른 이들에게 추천할 만한 근거를 생각해보았다.

텀블러는 환경을 보호하고, 경제적이고, 보온 및 보냉 효과가 뛰어나고, 개성을 표현할 수 있고, 미세플라스틱이 없어 위생적이고, 편리함 등 다양한 장점을 지닌 친환경 제품이다. 텀블러 사용이 구체적으로 어떤 환경적 효과를 내는지를 소개한 KBS 프로그램에는 '저는 종이컵입니다. 몸무게는 고작 5그램이지만 탄소발자국은 11그램입니다' 라는 문구가 등장한다. 이때 탄소발자국이란 개인 또는 단체가 직·간접적으로 발생시키는 온실기체의 총량을 가리킨다. 1년간 우리나라에서 사용되는 종이컵은 120억 개이며 이로 인한 이산화탄소 배출량은 13만 2천 톤에 이른다. 이는 나무 4,725만 그루를 심어야 흡수할 수 있는 양이다.

환경단체 그린피스에 따르면 한국에서 1년에 버려지는 일회용 플라스틱 컵과 종이컵은 약 84억 개로 보고 계산하면 탄소 배출량은 1년에 25만 톤 정도다. 일회용 컵을 여러 번 사용할 수 있는 컵으로 바꾸면 이산화탄소 배출을 연간 25만 톤 넘게 줄일 수 있다. 일회용 종이컵이나 플라스틱 컵을 텀블러와 같은 여러 번 사용하는 컵으로 바꾸기만 해도 1년에 자동차 9만 2천 대를 줄이는 효과가 있다. 일회용 컵을 수명 3년인 다회용 컵으로 바꾸어 1년에 20번 재사용하면 탄소 배출이 36.6퍼센트 줄어, 사용 빈도가 높을수록 탄소 배출량이 더 줄어든다. 이는 다 자란 나무 1,130만 그루가 1년 동안 흡수하고, 내연기관차 9만2천 대가 1년 동안 배출하는 탄소량에 해당할 정도로 많다. 그야말로 티끌 모아 태산이라는 말이 현실이 될 수 있다.

탄소 배출도 낮추고 지출도 줄이고

이들 자료에 근거해서 이번 학기 동안 텀블러를 사용하며 줄인 탄소발자국을 계산했다. 이때 텀블러를 생산하는 행위에서도 이산화탄소가 발생한다는 점을 고려했다. 텀블러를 생산할 때 온실기체 배출량은 종이컵의 24배, 플라스틱 컵의 13배로, 약 253그램이다. 그 가운데 스테인리스 스틸로 된 텀블러 사용은 장기적으로 보았을 때 온실기체 배출을 가장 많이 줄이는 방법이다.

이번 친환경 실천의 원칙은 한 개의 텀블러만 사용하기다. 한 개의 텀블러를 사용할 때는 일정 횟수 이상을 사용해야 환경에 긍정적인 영향을 미칠 수 있다. 텀블러의 디자인에 현혹되어 여러 개를 사면 오히려 리바운드 효과, 즉 역효과가 발생하기 때문이다. 여러 개의 텀블러를 생산하기 위해 그만큼의 이산화탄소가 배출된다면 환경을 위한 행위가 오히려 환경에 악영향을 미친다. 결론적으로 한 학기 동안 텀블러를 34번 사용했으므로 약 24번째 이후부터 이산화탄소 배출량을 줄이는 친환경 실천이 시작되었다고 기록할 수 있었다. 장기적으로 더 많은 양의 이산화탄소 배출을 막기 위해 다른 텀블러를 새로 사지 않고 이 텀블러를 계속 사용할 예정이다.

요즘은 카페에서도 텀블러 사용을 권장하는 분위기다. 이제는 카페에 텀블러를 들고 가면 경제적으로도 이익이 된다. 텀블러를 이용하면 던킨도너츠 · 스타벅스 · 투썸플레이스 · 할

리스 · 커피빈은 300원 할인, 이디야는 200원, 빽다방은 100원 할인 제도를 시행하고 있다. 텀블러 할인을 진행하는 카페에 텀블러를 가져가면 일회용품 사용을 줄이고 요금도 할인받을 수 있다. 프랜차이즈 카페 말고 개인 카페에서도 유사한 제도를 시행하는 모습을 어렵지 않게 찾을 수 있다. 텀블러를 들고 다니면서 이 할인 제도 덕분에 몇백 원에서 크게는 천 원 정도 할인받으면서 지출을 줄이는 데 도움을 받았다.

학교 응원단 연습할 때도, 스터디 카페를 갈 때도, 필라테스를 갈 때도 늘 텀블러를 가지고 다녔다. 종이컵을 사용하는 것보다 탄소배출량을 줄일 수 있던 시점인 24번째 이후부터 10번을 추가로 더 사용해서 약 10개의 종이컵을 절약했다. 이렇게 텀블러 사용 기록을 남겨 놓으면 추후 텀블러 사용을 통해 얼마나 탄소를 저감하고 지출을 줄였는지 계산하기 편리하다는 장점이 있다.

팔방미인 텀블러

환경과 경제적 이점 외에도 텀블러는 몇 가지 장점이 있는

데, 우선 보온과 보냉이 뛰어나다. 텀블러 안의 커피나 음료는 시간이 지나도 쉽게 미지근해지지 않고 온종일 시원함을 유지해준다는 점에서 매우 좋았다. 게다가 위생적이다. 개인 텀블러를 사용하기 때문에 음식점이나 카페에서 공동으로 사용하는 컵도 필요 없고 직접 설거지하므로 위생적이다.

텀블러 한 개를 꾸준히 사용하는 실천으로 텀블러 생산 과정에서 배출되는 이산화탄소를 고려해도 프로젝트 기간 약 110그램의 이산화탄소 배출량을 줄였다. 또한 사용 후 폐기되는 종이컵 대신 텀블러 사용이 폐기 과정에서도 친환경적이려면 재사용 혹은 재활용될 수 있는 재료로 만들어진 텀블러를 사용해야 한다. 그러려면 생산자의 노력이 필요하다. 장기적인 실천으로 이어짐과 동시에 여러 사람이 올바른 텀블러 생산-소비-폐기 과정에 동참한다면 전 지구적으로 의미 있는 행동이 되리라 믿는다.

탄소 저감 커피를
마셔보셨나요

우리가 커피를 마시는 동안

평소에도 자주 보이지만, 시험 기간이 가까워지면 특히 눈에
띄는 모습이 있다. 바로 교문을 들어서는 학생들의 손에 하나
씩 들려 있는 커피다. 아메리카노 · 카페라테 · 아인슈페너를
비롯해 각자의 취향에 따라 종류는 달라도 카페인에 약한 사람
들이 아닌 이상 대부분 에스프레소가 들어간 음료를 마신다.

커피를 구매하는 방법은 다양하다. 빠르게 다음 일정을 시작
하기 위해 미리 휴대전화로 주문하고 카페에서 가져가거나, 여
러 잔을 배달로 주문하기도 하고, 카페에서 주문하고 가져가

기도 한다. 각자 방식은 다르더라도 공통점이 있다. 커피 추출기 위에 채워진 검은색 커피콩을 갈아 고운 가루로 만든 다음 뜨거운 물로 추출한 어두운 갈색 액체와 고소한 향기가 우리를 유혹한다.

그러나 이것은 우리가 마시는 커피의 가장 마지막 상태다. 카페 벽면에 붙어 있는 사진으로만 접하는 넓은 커피나무밭과 거기서 챙이 넓은 모자를 쓰고 원두를 재배하는 모습은 이 커피가 이런 풍경에서 만들어져 여기까지 왔다고 추측하게 할 뿐이다. 커피가 쌀이나 밀만큼 자주 접하는 작물임에도 생산되는 곳이 멀어 커피가 어디서 와서 어떻게 만들어졌는지 실감하지 못한다.

커피를 마시지 않기. 가장 간단하지만 가장 어려운 일 중 하나다. 어려운 이유는 실천 기간이 지나서도 계속 지속하려면 커피를 아예 먹지 않는 음식으로 지정해야 하기 때문이다. 우리나라에서 커피의 인기와 어디서든 볼 수 있는 카페를 생각하면 커피를 마시지 않기는 간단한 일이 아니다. 그래서 나는 대안으로 세 가지 실천 방안을 생각해보았다.

어려워도 대안을 찾아보자

첫 번째는 커피 소비를 줄이기다. 그다음은 공정무역 커피를 판매하는 카페를 이용하거나 탄소 저감 커피를 마시기, 그리고 집에서 커피를 직접 내려 마시거나 커피 추출기를 이용할 때 커피 폐기 과정에 주목하기다. 특히 세 번째의 경우 커피 찌꺼기를 이용해 퇴비로 사용하거나 축사에서 가축 분뇨를 처리하는 데 사용하는 방식을 이용하는 사람들의 이야기가 알려져 있다. 우리는 이들의 의미 있는 시도가 더 이어질 수 있도록 소비자이자 시민으로서 도울 수 있다.

이 중 첫 번째인 커피 소비를 줄이는 실천 방법에는 크게 두 가지가 있다. 기본적으로는 평소에 커피를 마시는 횟수를 줄이기다. 예를 들어 하루에 2, 3잔 정도 마신다면 하루에 한 잔 정도로 줄이는 식으로 소비량 자체를 조절할 수 있다.

이 방법이 고민 없이 할 수 있는 가장 쉬운 실천 방법이지만, 습관적으로 마시거나 일의 능률을 올리기 위해 마시던 커피를 줄이면 실천 초반에는 집중력이 흐려지거나 피로해지기 쉽다. 그래서 대안으로 생각한 방법이 대체 커피 마시기다. 처음에는 보리 커피를 접했는데, 보리 커피는 오히려 디카페인 커피를 원하는 사람들에게 적합한 대체재다. 그러나 보리 커피는 커피 향이 거의 나지 않아 기대와 다를 수 있다. 그래서 찾은 커피가 세계 최초로 식품 폐기물로 만든 대체 커피로 탄소 배출량을 줄이는 동시에 기존의 커피와 매우 유사한 맛을 자랑하는 '아토모 커피' 다. 아직 카페에서 이런 대체 커피를 접하기는 쉽지 않지만, 아토모 커피를 비롯한 대체 커피 시장은 커질 것이다. 습관적으로 커피를 마시는 사람과 하루에 일정량 이상의 커피를 마시면 위가 쓰린 사람에게는 이런 대체 커피가 매력적이다. 환경을 위한 의도가 아니더라도 대체 커피는 가치가 충분하다.

커피를 마시지 않을 수 없다면

두 번째 방법은 탄소 저감 커피를 마시는 것이다. 2022년 11월 아름다운커피에서 탄소 저감 커피 솔브를 출시했다. 하루의 피로를 풀고 기분을 전환하기 위해 마시는 커피가 알고 보면 기후에 나쁜 영향을 준다는 사실을 인식하고, 이를 막기 위해서는 우리의 노력이 필요하다는 문제의식에서 시작했다. 탄소 저감 커피는 생산 및 가공, 판매 등에서 발생하는 온실기체 배출을 추적하고 배출량을 절감하는 방식으로 전환해 온실기체 배출량을 줄인 커피다. 이 커피는 생산 과정에서 발생하는 탄소를 줄이는 적극적인 행동을 통해 커피 생산과 지구 환경을 지속 가능하게 한다.

탄소 저감 커피를 만들려면 지리적으로 멀리 떨어져 있는 커피 생산지에서의 행동이 중요하다. 그래서 아름다운커피는 커피 생산자 중에서도 1943년 코스타리카에서 설립한, 가장 오래된 생산자 협동조합인 쿠페빅토리아와 협업해 탄소 저감 커피를 생산한다고 한다. 코스타리카는 중앙아메리카에 위치한 나라로, 열대기후대에 속하며 고지대에서 커피 체리를 재배하고 있다. 코스타리카에서는 탄소 중립 커피 프로그램(NAMA: 국가 차원의 탄소 절감 적정 활동)을 운영하고 있는데, 쿠페빅토리아는 이 프로그램에 참여해 커피 생산에서 탄소 중립을 실현하기 위해 노력하는 곳이다.

아름다운커피와 쿠페빅토리아가 생산한 탄소 저감 커피는 질소 비료 사용을 줄인 유기농법 실천, 물 사용을 최소화한 커피 가공법 전환, 에너지 효율을 높인 가공 설비 도입, 탄소 흡수를 위해 커피 농장 내에 나무 심기, 지속적인 모니터링과 탄소 저감량 측정 등의 기준을 지켜 생산한다. 이를 통해 커피 생산 및 가공, 판매 등에서 발생하는 온실기체 배출량을 줄인다.

커피는 생산지와 소비지가 극명하게 나뉘어 소비자가 상품의 생산 과정을 알기 어려우므로 생산지 이해관계자의 적극적인 노력이 특히 중요하다.

커피 찌꺼기는 찌꺼기가 아니다

커피를 마시고 난 후 폐기물을 어떻게 처리하느냐에 따라서도 커피가 환경에 미치는 영향을 조절할 수 있다. 현재 커피 찌꺼기는 일반 쓰레기로 분리되어 버려지고 있다. 이런 경우 커피 찌꺼기는 땅에 그대로 매립되거나 불에 태워져 또 다른 환경오염을 유발하거나 탄소 배출 요인이 된다.

그런데 도시에서 버려지는 커피 찌꺼기를 오히려 환영하는 곳이 있다. 커피 찌꺼기를 축사에서 분뇨를 처리하는 데 쓰면 폐기물을 줄이고 농장의 환경도 관리할 수 있다. 커피 찌꺼기를 축사 톱밥 위에 뿌리면 소들이 거부하지 않고 악취도 줄일 수 있다.

물론 이 방법은 개인의 실천으로 진행하기에는 어려운 점이 있다. 개인 농장주가 톱밥 대신 커피 찌꺼기를 쓰고 싶어도 카페를 돌아다니며 구하기가 비효율적이고 힘들기 때문이다. 하지만 방법이 있다. 우리는 시민으로서 구청이 관내 커피 전문점에 커피 찌꺼기만 따로 분리배출하라고 요청해서 쓰레기를 수거할 때 함께 모아주는 식으로 커피 찌꺼기를 필요한 곳에 쓰고 폐기물을 줄일 수 있도록 요청할 수 있다.

오랫동안 커피를 즐기고 싶다면

지구온난화, 환경 파괴 등 많은 이야기가 들려오지만, 이 문제가 일상생활과 어떻게 연결되는지는 다들 잘 모르고 있다. 나 역시 그중 한 명이었다. 하루에 적으면 한 잔, 많으면 두 잔 마시는 커피는 알고 보니 단순히 잠을 깨우기 위해 마시기에는 많은 부담을 지닌 음료였다. 수업 시간에 집중하기 위해 마시는 커피 한 잔, 달콤한 디저트를 먹을 때 곁들이는 한 잔이 기후위기에 엄청난 영향을 주고 있었다. 커피가 기후변화에 미치는 영향을 공부하면서 이 커피로 누리는 행복을 오래 지키려면 더더욱 적게 마시고, 이점이 어렵다면 여러 대안을 선택해야 함을 깨달았다.

커피 재배지의 기후가 바뀌고 강수량이 변화하면서 커피 재배가 점차 힘들다는 이야기가 들려온다. 그럴 때마다 가격이 오른다는 말로 들리던 때도 있었다. 앞으로는 아침잠을 깨거나 점심 식사 후에 가볍게 마시기에는 부담되는 가격으로 바뀔지도 모른다.

커피야말로 우리 일상 가까운 곳에서 기후변화를 실감할 수 있는 대표적인 상품이다. 기후변화로 인해 기온이 상승하면 향미가 우수해서 비싸지만, 전 세계에서 사랑받는 커피 품종인 아라비카를 카페에서 만나기 어려워질 수 있다. 아라비카는 해발 1천~2천 미터 고산지대에서 경작해야 하며, 연평균 23℃ 정도의 기온이 유지되는 곳에서 재배할 수 있다. 강한 햇빛에 노출되어서는 안 되지만 연간 2,200~2,400시간 동안 일사량을 채워야 하고, 매년 1,400~2,000밀리미터의 강수가 있어야 건강하게 자랄 수 있다. 습하지도 건조하지도, 햇빛이 많지도 적지도 않아야 한다니 그야말로 극한 날씨가 일상이 된 기후변화 시대에 살아남을 수 없는 식물 아닐까.

아라비카 커피 생산량의 60~70퍼센트를 차지하는 동남아시아, 중남미, 중서부 아프리카 지역은 기후변화의 영향을 더욱 심각하게 받으리라 전망된다. 만약 이 지역이 아닌, 적당한 햇빛과 비가 오는 곳으로 재배지를 바꾼다고 해도 이 많은 커피나무를 심을 지역을 새로 개간해야 한다는 문제가 생긴다. 커피 농장을 만들려면 비옥한 토지를 얻기 위해 기존에 있던 숲을 제거하고 커피나무를 심어야 한다. 그러면 다양한 생물이 교류하며 살던 원시림이 없어지고 오로지 커피나무만 재배하는 단일경작하는 과정에서 생태계를 지탱하던 생물종 다양성이 급격하게 훼손된다.

커피 재배지를 넓히면서 숲이 점점 사라져 가면서 야생동물들이 서식지가 사라지고 잃어가고 있다. 주된 원인은 대량으로 커피를 생산을 위해 기존에 키 큰 나무의 그늘 밑에서 커피를 재배하는 '그늘 재배' 방식에서 벗어난 것이 원인이다. 키 큰 나무를 잘라내고 커피나무만 심어 햇볕에 노출하는 단일경작 방식이 식생을 파괴함에 따라 야생동물의 다양성이 급격하게 줄어든다.

커피를 마시면서도 지구 환경에 부담을 줄일 수 있는 대안은 열대우림연합(Rainforest Alliance)이 인증한 숲 그늘에서 재배한 커피, 새들이 함께 살 수 있는 숲을 보전하면서 커피를 재배하는 친조류 커피(bird friendly coffee), 멸종위기에 있는 오랑우탄을 보호하면서 재배한 커피, 농약과 화학비료를 사용하지 않은 유기농 커피(organic coffee)와 함께 생산 농민의 이윤을 적정하게 보상해주면서 커피 소비를 돕기 위한 공정무역 커피(fair trade coffee) 등을 구입하면 커피를 즐기면서 지구환경도 보호할 수 있다.

열대 우림이 사라지면서 기후를 조절해주는 숲의 기능이 사라져 기후변화를 부추기는 악순환이 이어질 수 있다. 자선단체 크리스찬에이드(Christian Aid)의 보고서에 따르면 21세기 말까지 지구 온도가 산업화 이전 수준보다 1.5~2도 높아지면 커피를 생산할 수 있는 토지가 현재의 절반 이상 줄어든다. 커피 주요 산지인 아프리카와 남미 등지에 기온 상승과 불규칙한 강우, 가뭄, 산사태 등 이상 기후 현상으로 글로벌 커피 산업이 축소되고 재배 농가의 빈곤이 커질 수 있다.

호주 뉴사우스웨일스대학의 연구 결과에 따르면 1980년부터 2020년까지 40년 동안 전 세계에서 커피를 많이 재배하는 12개 나라의 온도와 강우량, 습도 등이 변화하면서 커피 재배 면적이 절반 이하로 줄었다. 그러는 사이에 열대의 저지대에서 기르는, 인스턴트 커피를 만드는 데 주로 사용하는 로부스타

커피(*Coffea robusta*) 대신 고지대에서 길러 향과 맛이 좋은 아라비카 커피(*Coffea arabica*)의 소비가 늘면서 그나마 얼마도 남지 않은 산악지대 열대 우림까지 사라지면서 생물다양성이 감소하고 자연재해는 증가하고 있다. 내가 마시는 커피 한 잔에 지구의 자연과 인간 사이의 복잡한 시스템이 영향을 받고 있다.

커피 생산이 어려워지면서 지속 가능한 환경에서 커피를 재배하려는 노력이 시작되고 있지만, 코스타리카의 생산자들처럼 안정적인 협동조합이 있는 곳이 아닌 이상 생산지에서 변화가 빠르게 일어나는 일은 쉽지 않아 보인다. 생산자의 노력도 중요하지만, 오랫동안 커피를 즐기길 원하는 소비자의 노력과 관심이 필요한 이유다. 소비자가 연대해서 친환경 커피를 원한다는 강력한 목소리를 낸다면, 생산자도 변할 수 있다.

생산지에서 식탁까지 오기까지

최근 환경을 위한 실천의 하나로 채식이 떠오르면서 채식이 정말로 지속 가능한 식습관인가에 대한 논의도 활발하다. 특히 식품이 생산지에서 소비자의 식탁에 오르기까지 이동하는 거리를 뜻하는 푸드 마일리지(food mileage)도 그 대상이다. 푸드 마일리지가 늘어나는 현상을 두고 여러 가지 관점으로 해석할 수 있다. 먼 거리를 이동하는 식재료는 신선도를 유지하기 위해 살균제나 방부제를 사용할 가능성이 커진다. 어느 정도는 정해진 규정과 제도에 따라 효율적으로 관리되겠지만, 거리가 멀어질수록 안정성 등에서는 위험 부담도 그만큼 커진다. 식재료를 장거리 운송하려면 그 과정에서 이산화탄소가 배출되어 환경에 부담을 줄 우려도 있다. 오렌지 주스를 만들어 먹기보다 오렌지 주스를 사 먹는 편이 푸드 마일리지가 덜 나온다는 말이 나온 배경이기도 하다.

한 방송 프로그램에서 외관이 예쁘지 않아 버려지는 농산물을 보고 요리연구가 백종원이 잘 아는 유통업체 대표에게 전화해 이 농산물을 판매해 줄 수 있느냐고 제안했다. 그렇게 못난 이 감자가 저렴한 가격에 판매되었고, 인기가 좋아지자 다른 업체들과 지자체에서 이 감자를 다양한 음식으로 판매하기 시작했다. 이런 시도는 바람직하다. 그리고 일회성에 그치지 않고 사람들이 관심을 가지고 계속 구매한다면 음식쓰레기를 줄일 수 있지 않을까.

유엔식량농업기구에 따르면 해마다 상품 가치가 없다고 판단해 판매조차 되지 않은 채 버려지는 음식쓰레기가 13억 톤 정도 된다고 한다. 이는 전 세계 음식물 소비량의 3분의 1 수준이다. 이에 문제의식을 느낀 사람들이 판매장에 전시되었거나 고장 또는 흠이 있어 소비자가 반품한 상품을 다시 고치고 손질해 소비자에게 정품보다 싸게 파는 푸드 리퍼브(food refurb)

운동에 나섰다. 영국, 덴마크, 프랑스 등에는 푸드 리퍼브 마켓을 어렵지 않게 찾아볼 수 있다. 이에 착안해 나는 푸드 리퍼브 마켓을 이용해보고 가까운 지역에서 생산하는 로컬 푸드를 구매하며 푸드 마일리지를 줄이기로 했다.

나는 푸드 마일리지를 줄이기로 했다

음식의 탄소발자국을 줄이기 위해 마르쉐 같은 로컬 푸드를 유통하는 상점을 이용했다. 로컬 상점은 가까운 곳에서 생산한 농산물을 소비자에게 직접 판매함으로써 먼 원산지와 소비지 사이의 배달 과정에 나오는 탄소를 줄인다. 로컬 상점을 이용하면 같은 재료를 사용한 식단이라도 해외에서 가져온 재료를 사용했을 때보다 탄소 마일리지가 적게 나온다.

탄소 마일리지는 흔히 푸드 마일(food miles)이라고도 부른다. 푸드 마일은 음식이 소비자에게 도달하기 전에 음식이 얼마나 멀리 이동했는지 측정하는 방법으로 음식과 그 성분이 환경에 미치는 영향을 살펴보는 데 도움이 된다. 푸드 마일은 소비자에게 음식이 도달하는 경로뿐만 아니라 이후 음식쓰레기를 매립지로 옮기기까지 포함한다. 푸드 마일의 영향은 이동 수단에 따른 오염 정도로 측정될 수 있다. 이동 거리와 이동 수단이 비행기, 배 혹은 도보를 이용했는지에 따라 다르게 측정된다.

영국의 푸드 마일에서는 로컬 구매를 특히 강조하고 있다. 수입해서 먹는 과일이나 식재료는 가격경쟁력이 있지만, 탄소 배출과 방부제 처리 등 환경오염에 대한 책임은 지지 않는다. 유기농 제품이라고 해도 먼 나라에서 온 제품이라면 환경에는 악영향을 주기 때문이다.

푸드 마일은 식재료가 생산, 운송을 거쳐 소비에 이르기까지 모든 과정에서 발생하는 환경 부담 정도를 나타내는 지표로 활용한다. 우리나라에서 푸드 마일은 먹거리가 생산지에서 식탁에 오르기까지의 이동 거리를 뜻한다. 푸드 마일은 곡물과 축산물, 수산물을 비롯해 9개 품목을 대상으로 생산지에서 소비지까지 식품 수송량(톤)에 수송 거리(㎞)를 곱해 계산한다.

로컬 푸드(local food)의 정의는 나라마다 다른데, 우리나라에서는 재배지에서 50킬로미터 이내에 있는 식품을 소비하는 것으로 정의한다. 서울에 있는 소비자라면 가평 정도에 있는 식품까지를 로컬 푸드로 볼 수 있다는 뜻이다.

서울시 성동구에 있는 생활문화 공간인 성수연방에서 열린 마르쉐 상점을 방문했다. 마르쉐 상점은 서울 종로구 혜화 마로니에공원, 성수연방 외에도 용산, 연남동 등 몇몇 장소를 순환하며 장터가 열린다. 이곳에서 농부나 제빵사, 수공예품 생산자를 직접 만나고 물건을 살 수 있다. 집 근처의 전통시장을 방문해도 실제 원산지는 칠레·중국 등 수입 제품이 대부분이었기에 푸드 마일을 줄였다고 볼 수 없다. 그러나 마르쉐 상점에서는 로컬 푸드를 구매함으로써 푸드 마일을 줄이는 효과를 볼 수 있다.

나부터 로컬 푸드 사용하기

내가 상점에서 산 재료에는 샐러드용 채소, 수공예 치즈, 스윗 바질 화분, 식용 장미, 순무 라페 등이었다. 비닐 포장지를 사용하지 않기 때문에 종이봉투나 신문지에 채소를 담아 버스로 이동했다. 상점에서 사용되는 포장지는 소비자가 가정에서 사용한 폐신문지나 종이봉투 등을 가져온 물품을 모아 사용하거나 다시 담아 주는 식으로 운영되고 있었다. 브랜드를 홍보하기 위해 쉽게 사용하는 홍보 용지나 로고가 그려진 쇼핑백 등을 사용하지 않는 점이 흥미롭다.

로컬 상점과 비슷한 푸드 리퍼브 매장은 생각보다 거창하지 않다. 당장 재래시장만 가도 충분하다. 재래시장에는 식용으로 사용할 수 있지만 예쁘지 않거나, 크기가 작거나, 약간 상처가 난 과일과 채소를 대형마트보다 싸게 판다. 애호박, 참외, 토마토를 사보니 가격도 30퍼센트 정도 저렴하고 맛에는 차이가 없어 만족스럽다. 근처에 재래시장이 없어도 문제가 없다. 인터넷 쇼핑몰에서 못난이 음식을 많이 판다. 못난이 고구마를 인터넷 주문해서 먹어보았는데, 맛이 괜찮고 가격도 훨씬 저렴해서 계속 이용 중이다.

판매 마감 시간 가까이에 주문하는 라스트 오더 앱도 사용했다. 마감에 가까운 시간에는 버려지는 재료를 막기 위해 정가보다 싸게 판다. 유통기한이 얼마 남지 않은 식재료도 저렴하다. 마트를 비롯해 주변에 있는 매장의 마감 시간이 임박한 음식을 매장 마감 시간 직전에 살 수도 있다. 그뿐만 아니라 식당과 편의점도 이용할 수 있고, 배달 기능도 있다. 이 앱을 처음 이용할 때 초밥집에서 초밥을 포장 구매했고, 반값에 살 수 있기에 지금도 계속 이용하는 중이다.

이러다 보니 나는 상품을 고를 때 자연스럽게 유통기한 대신 소비기한을 확인한다. 유통기한은 지났어도 소비기한 내에 있으면 먹어도 괜찮다. 부끄럽지만 예전에 소비기한을 확인하기 전까지는 유통기한이 하루라도 지나면 찝찝하다는 이유로 버린 상품이 한둘이 아니었다.

프랑스의 한 슈퍼마켓 체인은 푸드 리퍼브 캠페인을 펼치면서 이런 문구를 내세웠다.

"수프에 들어간 못생긴 당근, 누가 신경 써?"

맞는 말이다. 재료는 신선하고 맛이 좋으면 되지 그 이상은 필요하지 않다. 충분히 먹을 수 있는데 못생겨서 싫다는 이유만으로 음식쓰레기가 많이 생긴다. 소비기한이 얼마 지나지 않아 먹어도 되는데 찝찝하다는 이유로 버려지는 음식도 많다. 미국 뉴욕에는 유통기한이 끝나 버려진 식재료를 모아 음식을 공동으로 만들어 나누어 먹으면서 친환경을 실천하는 모임도 있다고 한다.

나 또한 이런 음식을 먹는 실천을 하면서 느낀 점이 있었다. 먼저 환경을 보호하고 더구나 싼 값에 먹을 수 있으니 일거양득이라고 생각했다. 더구나 기후변화를 막고 생태계를 되살리기 위해 사소하나 실천적이고 절실한 일이라고 생각한다.

큰 변화는 거창해 보이지 않는 작은 실천에서 시작한다. 나먼저 실천하다 보면 주변 사람도 나의 마음을 읽고 함께하지 않을까. 모든 길은 남들이 아니라 내가 먼저 나서야 열리는 법이다.

30여 년 전쯤 '인간과 환경' 강의 시간에 있었던 일이다. 그날 수업에서 학생들에게 "우리가 마시는 커피 한 잔이 열대우림을 파괴해 지구의 기후시스템을 교란하고 생물다양성을 파괴한다"라고 설명했다. "우리의 행동 하나가 나비의 날갯짓으로 시작되어 지구 시스템을 바꾸는 태풍으로 바뀔 수 있으니 주의해야 한다"고 강조했다. 그러나 강의를 마친 뒤 연구실로 돌아와서는 습관적으로 커피를 마시고 있었다. 대학에서 강의를 시작한 지 얼마 되지 않았을 때 문득 깨우친 기억이다.

이때부터 나는 무심코 하는 행동 중에서 무엇이 지구에 부담을 주고 환경에 해를 끼치는지 알아보고 나의 생활방식을 한 가지씩 바꾸기 시작했다. 그렇게 좋아하던 커피를 한 잔도 마시지 않은 지 30여 년이 되었다. 나는 대학 시절부터 알코올램 프로 물을 끓여 유리관을 통해 가열된 물로 원두커피를 내려 마시는 사이폰 커피를 즐길 만큼 커피를 좋아했다. 물론 지금도 주변에서 풍기는 구수하고 향기로운 커피 향을 즐긴다.

자신이 정말 좋아하는 것을 멈추기가 일상에 별 지장이 없는 행동을 멈추는 일보다 얼마나 어려운지 누구나 공감할 것이다. 대한민국 국민 음료라는 커피를 두고 이러쿵저러쿵 토를 다는 나를 누구도 달갑게 여기지 않을 것이다. 나도 이런 이야기를 꺼내기가 부담스럽다. 그러나 사실은 사실이며, 누구도 예외가 될 수는 없다.

지구의 허파로 불리는 열대 우림은 우리가 숨 쉬는 산소를 공급하는 산소탱크이며, 지구의 에너지와 물의 순환을 조절하면서 기후 시스템을 유지해준다. 열대 우림은 지구의 어느 곳보다 많은 동식물이 서식하는 생물다양성의 보고다. 그러나 오늘날 열대 우림은 우리가 소비하는 커피, 열대과일, 팜유, 곡물, 원목, 고무, 광물 등을 생산하기 위해 파괴되고 있다. 우리가 마시는 커피 한 잔이 열대 우림이 기후 시스템을 작동하게 하고 생물다양성을 보전하는 지구의 질서를 무너뜨리는 시작점이 되고 있다.

나는 30년 넘도록 대학에서 자연환경과 생태계를 연구하며 학생들을 가르쳤던 자연학자다. 특히 기후변화가 식물생태계에 미치는 영향을 현장에서 조사하면서 자연환경이 파괴되는 모습을 볼 기회가 많았다. 여러 가지 목적으로 무참히 깎이고 베어진 산자락, 미세먼지로 가득한 잿빛 하늘, 하얀 거품을 내뿜으면서 흐르는 하천, 폐비닐과 농약병이 나뒹구는 논밭을 수없이 보았다. 서식지를 잃고 방황하는 야생동물과 사람의 발길에 짓밟힌 식물들을 보면서 지구환경을 보전하기 위해서는 나부터 바뀌어야 한다는 마음가짐을 일찍부터 가졌다. 자연학자로서 우리 숲의 원래 모습을 찾고 생물다양성을 지키는 일과 기후시스템이 제자리로 돌아가는 일에 힘을 보태려 한다.

사실 유난스럽게 군다는 시선이 부담스러워 내가 환경에 미치는 부담을 줄이기 위해 일상에서 실천하는 내용을 주변에 드러내놓고 말한 지는 오래되지 않았다. 그러나 강의 시간에 학생들과 교감하면서 실천 내용을 널리 알려야 한다는 의견에 따라 책을 쓰고 강연할 때마다 내 경험을 이야기하는 기회를 늘려가고 있다. 지구환경은 유난스럽게 말해야 할 정도로 심각한 지경이라는 사실에 모두 동의할 것이다.

여러 해 전부터 강의 시간에 진행한 학생 참여 과제가 있다. 바로 평소에 별다른 생각 없이 습관처럼 하던 행동을 정해 멈추거나 바꿔 지구환경을 개선하는 방향으로 전환하는 과제다. 학생들이 실천한 산뜻한 아이디어와 스스로 어떤 행동을 바꾸었는지 적어 낸 실천 사례를 책으로 엮어 세상과 공유하기로 약속도 했다. 여러분도 참여하면 지구촌이 살 만한 공간이 될 수 있다는 희망에서 내 개인적인 경험과 학생들의 실천 내용을 여러분과 나누고자 한다.

지속 가능한 내일은 오늘부터

일상에서 시작하는
실천

환경을 위한 실천은 집에서도 충분히 가능하다. 환경보호를 위해 밖에 나가서 어떤 활동을 해야만 하는 것은 아니다. 지금 당장 메일함에 쌓인 메일 지우기 또한 환경을 위한 실천 활동이다. 익숙했던 생활습관을 바꾸는 실천은 나뿐만 아니라 모두의 환경 감수성을 키워준다.

에코 프린트를
아시나요

지금은 그린 프린터 시대

지난 학기에 단면으로 출력한 강의 자료나 잘못 인쇄된 종이를 버리지 않고 한데 모아 두었다가 제본해 노트로 사용하고 있다. 새 학기 시작과 함께 이면지 노트를 만들었는데, 한 학기 내내 꾸준히 사용했음에도 아직도 30퍼센트가량을 더 사용할 수 있을 정도다. 이면지 노트를 사용하면서 지금까지 매우 많은 양의 종이를 낭비했다는 사실을 체감할 수 있었다. 한 번 쓰고 버리는 종이와 여기에 들어가는 잉크가 아깝다고 생각했다. 그래서 개인 차원에서 종이와 잉크를 아껴 쓸 방법은 무엇인지

고민했다.

종이를 양면 및 다중으로 출력하며, 이때 소비되는 잉크양을 줄이는 것이 환경을 생각하는 인쇄라고 생각했다. 이에 세부 활동 항목으로 종이 사용량을 줄이기 위해 양면 인쇄 및 모아 찍기 옵션과 출력에 사용되는 잉크의 양을 줄일 수 있도록 절약 인쇄 옵션을 사용하기로 했다.

친환경 활동을 실천하고, 실천 내용을 기록하기 위해 그린 프린터(Green Printer)라는 프로그램을 설치했다. 그린 프린터는 출력할 때 양면 인쇄 및 흑백 인쇄를 유도하는 프로그램으로, 환경부와 한국기후환경네트워크에서 개발해 무료로 제공하고 있다. 문서 인쇄창에서 그린 프린터를 선택하면, 인쇄를 조절할 수 있도록 그린 프린터 설정창이 등장한다. 설정창 좌측의 메뉴에서 여러 가지 옵션을 선택할 수 있다. 양면 인쇄, 2장 모아 찍기, 흑백, 절약 인쇄(30%) 등의 옵션이 기본값으로 설정되어 있으며, 사용자가 환경을 생각하는 인쇄를 실천할 수 있도록 편리한 기능을 제공한다. 화면 오른쪽 위의 통계보기를 통해 사용량과 절감량 통계를 확인할 수도 있다.

친환경 행동의 효과를 보여주는 그린 프린터

프로젝트 기간 양면 인쇄, 2장 모아 찍기, 절약 인쇄(30%) 옵션을 사용함으로써 종이 2,198매, 이산화탄소 6.33킬로그램, 인쇄비 87,920원 정도를 절감할 수 있었다. 이 결과는 잉크 감소량을 고려하지 않은 수치로, 실제로는 더 많은 이산화탄소를 절감 효과를 냈을 것으로 생각한다.

친환경 실천 활동 초기에는 그린 프린터 프로그램이 익숙하지 않아 사용하기가 불편했다. 차츰 프로그램에 적응하면서, 나중에는 그린 프린터가 없는 상황이 더 낯설었다. 그린 프린터에서 제공해주는 설정을 활용하면 내가 원하는 방식의 친환경적인 인쇄를 편리하게 실천할 수 있기 때문이다. 친환경 활동을 실천하기 어려운 이유 중 하나는 내 행동의 효과가 가시적으로 드러나지 않는다는 점이다. 그러나 그린 프린터에서는 사용량 및 절감량의 통계를 눈으로 직접 확인할 수 있어 프로젝트 실천 의지를 다지는 데 큰 도움이 되었다. 그린 프린터의 도움을 받아 종이와 잉크 사용량을 줄여 저탄소 생활을 실천할 수 있었다.

	3월 4주	4월 1주	4월 2주	4월 3주	4월 4주	5월 1주	5월 2주	5월 3주	5월 4주	5월 15주	합계
단면/단일	0	0	0	0	0	0	0	0	0	0	0
단면/다중	0	0	0	0	0	0	0	0	0	25	25
양면/단일	0	0	0	0	0	0	0	1	0	0	1
양면/다중	22(0)	32(0)	12(390)	11(100)	8(0)	17(0)	13(0)	9(0)	0(110)	0(0)	124(600)
전체 인쇄 (매)	22	32	402	111	8	17	13	10	110	25	750
종이 절감 (매)	66	96	1,206	333	24	51	39	28	330	25	2,198
이산화탄소 절감(그램)	190.1	276.5	3473.3	959	69.1	146.9	112.3	80.6	950.4	72	6,330.2
절감 비용 (원)	2,640	3,840	48,240	13,320	960	2,040	1,560	1,120	13,200	1,000	87,920

종이 절감: (단면/단일 출력 시의 전체 매수) − (전체 인쇄 매수)
이산화탄소 절감: (종이 절감)×2.88그램−이산화탄소(Green Office) 기준 적용
절감 비용: (종이 절감)×40원(이과대 복사실 출력 단가 적용)

비용도 줄이고 환경도 살리고

우리 사회의 종이 낭비가 심각하다. 온라인으로 전달할 수 있음에도 형식적이고 관례라는 이유로 문서를 출력하는 데 상당한 양의 종이와 잉크가 낭비되고 있다. 종이 없는(paperless) 시대는 정보통신산업을 기반으로 경제활동이 이루어지면서 기록 매체를 문서 대신 디지털로 변환한다. 이때 종이 없는 시대라고 해서 모든 문서를 디지털로 바꾸지는 않는다. 종이 없는 시대를 대비하는 것은 인쇄의 환경문제를 인식하며, 종이 낭비를 최소화하자는 사회적인 흐름으로 간주할 수 있다.

전 세계에서 벌목되는 나무 가운데 약 42퍼센트를 종이 만드는 데 사용한다. 우리가 하루에 한 장씩만 종이를 덜 써도 나무를 약 160만 그루를 살릴 수 있다. 전 세계 1인당 연평균 종이 사용량이 56.2킬로그램이지만 우리나라 1인당 연평균 사용량은 189.2킬로그램으로 전 세계 평균보다 약 3배나 더 많이 쓴다. 한국제지연합회에 따르면 2021년에 국내에서 사용한 인쇄용지는 166만여 톤이다. 하루에 4,500여 톤, 36만 상자의 인쇄용지를 사용했는데, 매일 8만 그루 가까운 나무가 베어 없어진 결과와 같다. 더욱 안타까운 점은 이 가운데 절반 가까이가 사용한 날 바로 폐기된다는 사실이다. 환경문제 해결은 거창한 일이 아니고 우리가 일상과 주변에서 할 수 있는 작은 일부터 실천하는 것이 매우 중요하다.

종이 없는 시대의 흐름에 따라 개인 차원에서 종이 출력에 따른 환경 부담을 줄이기 위해 꼭 필요한 문서만 종이로 인쇄하며 그렇지 않은 문서는 디지털로 보관해야 한다. 국가적 차원에서는 종이 없는 시대에 걸맞게 디지털 문서를 제공함으로써 업무 수행 방식의 변화를 이끌어야 하며, 형식적이고 별다른 생각 없이 종이를 사용하던 관행에서 벗어나야 한다.

인쇄 관련 기업들의 경우 종이 없는 시대가 도래하고 MZ세대가 소비자층으로 부상하는 흐름에 맞춰 사업 전략을 새롭게 수정해야 한다. 최근 에드투페이퍼·보바 등 인쇄 관련 서비스업이 활성화되고 있는데, 이들은 자사의 인쇄 관련 서비스를 확산시키기 위해 무료 출력 이벤트 등을 시행하고 있다. 그러나 이와 같은 서비스는 종이와 잉크 낭비에 따른 환경문제와 공유재의 비극을 발생시킬 수 있으므로 개선되어야 한다. 오히려 소비자가 양면 인쇄, 모아 찍기, 절약 인쇄 옵션을 선택하고, 그에 합당한 인센티브를 제공하는 방식으로 소비자를 공략해야 한다.

필요한 내용물만
사요

  플라스틱 쓰레기가 지구를 위협하고 있음은 모두가 아는 사실이다. 2017년 유로맵의 조사에 따르면, 1인당 플라스틱 소비량은 우리나라가 세 번째로 많다. 기업, 정부의 변화가 없으면 플라스틱 과다 사용 문제를 해결하기 힘들기는 하다. 하지만 기업과 정부도 결국 평범한 소비자, 일반인이 무엇을 찾고 어디에 표를 던지느냐에 따라 달라진다.

  '소비하지 않고 살 수 없지만, 조금이라도 친환경적으로 소비할 수 없을까?' 라고 생각하는 나 같은 사람을 대상으로 한 기업의 제품이 분명히 있으리라 생각했다. 이런 생각으로 인터넷을 찾다가 알맹상점 또는 리필 스테이션(refill station)이 눈에 띄었다. 리필 스테이션은 다회용기에 대용량 리필형 제품을 필요한 양만큼 담아가는 공간이다. 국내 최초의 리필 스테이션은 2020년 6월에 서울시 마포구 망원동에 문을 열었다. 리필 스테이션에서는 세제가 부족할 때 플라스틱 통에 담긴 세제를 살 필요가 없다. 사용하던 세제통을 가져가서 필요한 양만큼 살 수 있다. 새 제품을 살 때마다 생기는 플라스틱통과 포장지를 생각해보면 간단하면서도 효과적인 환경보호 정책 아닐까. 그래서 바로 이용하기로 했다.

리필 스테이션 위치를 찾기부터 시작했다. 찾아보니 집 근처 제로 웨이스트 숍에 리필 스테이션이 있었다. 매장을 찾아가 보니 세탁세제, 주방세제, 섬유유연제를 팔고 있었다. 일반 매장처럼 포장된 제품들이 진열된 것이 아니라 세제가 들어 있는 큰 통에 컵이 달려 있다. 이점을 이용해 내가 가져온 용기에 원하는 만큼 넣는다. 다만 판매하는 품목은 그다지 많지 않아 선택지가 넓지 않았다. 현행법상 화장품 리필 스테이션에는 '맞춤형 화장품 조제 관리사'가 매장에 있어야 한다. 그런데 이 관리사는 2020년부터 생겨 아직 합격자도 많지 않고 합격률도 매우 낮다. 그렇다 보니 리필 스테이션 수나 판매하는 품목이 적은 실정이다.

큰 규모의 마트에서 운용하는 리필 스테이션은 다를까 싶어 다른 곳도 찾아가 보았다. 대형마트에서는 판매 종류가 훨씬 다양할 뿐만 아니라 샴푸와 바디워시도 살 수 있어 좋았다. 하지만 원하는 양만큼만 담아가지 못하고 용량에도 제한이 있다는 한계점이 있었다. 플라스틱 용기도 현장에서 따로 사야 했다. 환경을 생각해서 만든 100퍼센트 재활용된 플라스틱 용기라고는 하지만 집에서 챙겨 온 용기가 무의미해져서 아쉬웠다.

샴푸나 바디워시, 세제를 살 때 발생하는 쓰레기는 늘 나를 불편하게 했다. 쓸데없는 포장과 계속 버려지는 플라스틱 용기. 내용물이 중요한데, 이 내용물만 살 수 있으면 얼마나 좋을까? 리필 스테이션은 그래서 좋았다. 돈을 아끼고 환경도 지킬 수 있으니 일거양득이었다.

2022년 한국소비자원의 〈친환경 소분 매장(리필스테이션) 이용 실태조사〉 보고서에 따르면, 조사에 참여한 국내 소비자들 중 72.9퍼센트가 '착한 소비에 (재)동참할 의향이 있다'고 답했다. 특히 '업사이클링(29.7%)과 제로웨이스트(22.6%)'에 관심이 있다고 답한 사람이 많았다. 불필요한 소비보다는 폐기물 감축과 용기 재사용 등 일상에서 실천할 수 있는 가치 소비를 중시하는 소비자들이 늘고 있다.

하지만 아직은 갈 길이 멀어 보인다. 리필 스테이션에 동참하는 기업이 부족한 편이고, 리필 스테이션을 마련한 기업의 대형마트도 여전히 관련 제품 수가 많지 않다. 소규모 매장은 제품 수가 적은 편이라 샴푸, 바디워시 등을 구할 수 없어 이곳에서만 필요한 물품을 사기도 힘들다. 정부 차원에서도 탄소중립 실천 포인트제를 운용하는데, 가맹 리필 스테이션을 이용할 때 적립할 수 있지만 가입한 점포 수가 매우 적고 그마저 수도권에 몰려 있다. 좋은 제도가 있지만 이를 활용하기에는 아직 현실이 따라가지 못하고 있다.

물론 처음부터 완벽할 수 없다. 우리가 리필 스테이션을 자주 이용하고 주변에 홍보해서 사람들이 샴푸, 바디워시, 세제는 내용물만 채운다면 점차 리필 스테이션도 늘어날 것이다. 천리 길도 한 걸음부터라는 말을 떠올리며 앞으로도 자주 이용하고 주변에 홍보하기로 다짐한다.

고체 샴푸와 치약을 아시나요

샴푸는 플라스틱 용기에 담겨 있는 액체를 사용해야 한다. 이는 당연한 상식이다. 그런데 어느 날 갑자기 의문이 생겼다. 왜 이게 당연하지? 샴푸 플라스틱 용기를 재활용할 수 있으리라 생각했지만, 사용하고 남은 샴푸가 묻어 있는 상태로 버려진 샴푸통은 안에 남은 내용물뿐만 아니라 여러 색깔과 다양한 종류의 플라스틱 용기로 인해 재활용하기 어렵다고 한다.

이런 문제를 해결할 방법으로 고체 샴푸를 찾아냈다. 고체 샴푸는 플라스틱 포장 없이 고체 비누 형태로 만들어져 다 사용해도 용기가 남지 않는다. 초등학생 때 여러 오염수가 강으로 흘러 들어가 자연이 훼손되는 영상을 본 적 있을 것이다. 액체 샴푸는 쉽게 생분해되지 않는 계면활성제가 다량 함유되어 있어 수질오염을 일으키는데, 고체 샴푸는 계면활성제가 훨씬 적게 들어 있고 생분해도 더 잘 일어난다고 한다. 고체 샴푸는 비누로 머리 감을 때와 비슷한 느낌일지 궁금해 관련 제품을 검색하던 중 고체로 된 친환경적인 치약도 있음을 알게 되었다.

인터넷 쇼핑몰에서 고체 샴푸와 고체 치약을 구매했다. 고체 샴푸와 고체 치약의 종류가 다양했는데, 합성화학 보존제가 없고 동물성 원료를 포함하지 않은 비건 협회 인증 제품을 골랐다. 제품 성분을 분석하고 가격을 비교하는 일이 번거롭고 힘들었지만, 조금이라도 환경에 부담을 덜 끼치는 제품을 사용하고 싶어 적지 않은 시간을 투자해서 찾아보았다.

고체 샴푸바와 치약에서 시작하는 변화

고체 샴푸로 만든 바의 사용법은 의외로 간단하다. 고체 샴푸바를 적셔 두세 번 정도 손으로 문질러 젖은 머리에 거품을 낸다. 거품이 잘 나지 않을 줄 알았는데 예상 밖으로 좋았다. 물론 액체 샴푸만큼은 아니다. 머리 염색을 한 중건성 두피 타입이어서인지 고체 샴푸를 사용하면 머리가 꽤 뻣뻣해졌다. 그래서 트리트먼트나 린스를 사용했는데, 거품망을 따로 사서 이용해보니 한결 나아졌다.

고체 치약은 작은 사탕같이 생겼다. 한 알을 입에 넣고 꼭꼭 잘 씹은 뒤 칫솔질로 거품을 충분히 내 양치하면 된다. 칫솔이 없다면 가글하고 물로 헹구기만 해도 된다. 하지만 고체 샴푸와 달리 고체 치약은 점점 손이 가지 않았다. 기존 치약보다 양치할 때 거품이 잘 나지 않고 세척력이 약했기 때문이다. 어떤 치약을 사용하는지는 구강 건강에 중요한데, 세척력이 약하다 보니 본래의 목적에 충실하지 못하다고 느껴졌다. 그리고 사탕 같은 식감과 맛이 나서 어린 사촌 동생이 사탕인 줄 알고 먹기도 해서 잘 쓰지 않았다. 다만 외부에서 오래 있어야 할 때는 고체 치약을 항상 챙긴다.

고체 샴푸바와 고체 치약은 아직 불편한 점이 많다. 고체 샴푸는 머리카락이 뻣뻣한 사람에게는 적합하지 않고 액체 샴푸만큼의 느낌을 주지 못한다. 고체 치약은 세척력이 부족해 집에서 사용하기보다는 바깥에 오래 있을 때 사용하는 편이 나은

듯하다.

하지만 고체 샴푸바를 거품망에 담아 사용하면 액체 샴푸를 사용할 때처럼 거품이 잘 만들어진다. 고체 치약은 치약을 완전히 대체하기는 힘들겠지만, 앞서 말했듯 외출 시에 들고 다니는 용도나 아침에 빠르게 가글을 대체하기만 해도 값어치가 있지 않나 싶다. 가글을 담기 위해 유통되고 버려지는 플라스틱 용기를 생각하면 더더욱 그렇다. 지금 제품에는 아직 아쉬운 점이 많지만 앞으로 개선될 여지는 충분하다.

실제로 고체 샴푸와 고체 치약에 대한 관심이 점점 높아지면 더 좋은 제품을 개발하기 위한 움직임도 활발하다는 소식이다. 그랜드뷰리서치(Grand View Research) 보고서에 따르면 세계 샴푸바 시장 규모가 2015년부터 연평균 7.6퍼센트로 성장하며 2025년에는 약 1,700만 달러에 이를 예측했다. 이는 액상 샴푸용 플라스틱 용기가 환경에 미치는 피해와 개인위생 및 안전에 대한 인식이 높아지면서 유기농, 허브 및 천연 성분에서 추출한 샴푸에 대한 수요가 촉진되리라고 내다보았다. 매일은 아니더라도 일주일에 한두 번 정도는 고체 샴푸와 고체 치약을 사용해보는 것은 어떨까? 작은 실천이 우리 삶에 큰 변화를 이끌 수 있다.

배출 쓰레기
모니터링

분리배출은 잘 되고 있을까

흔히 우리나라는 분리배출을 잘하는 나라라고 생각한다. 하지만 실제 재활용 비율은 매우 낮은 편이다. 가장 많이 쓰고 가장 열심히 분리배출하는 플라스틱 컵의 재활용률을 조사한 결과에 따르면 5퍼센트 정도. 열심히 분리배출을 해도 컵마다 재질이 다양해 재활용할 수 없다. 이때는 불로 태우거나 땅속에 매립한다. 이런 문제는 재활용 비율을 계속 감소시키고 분리배출은 헛수고라는 인식을 만들어 왔다.

따라서 이번 프로젝트를 통해 배출 쓰레기를 모니터링해서

색이 들어간 플라스틱 사용을 최소화하고, 재활용 비율이 높은 투명 플라스틱을 올바르게 분리해서 배출할 수 있도록 노력했다. 아울러 전체 쓰레기양을 줄일 수 있도록 일회용품 사용 최소화, 배달음식 줄이기 등의 노력을 함께 했다.

마을 내 분리배출 날은 매주 월요일 오후 4시부터 화요일 아침 6시까지 진행된다. 분리배출에 대한 안내는 누구나 확인할 수 있도록 아파트 내 게시판에 게시되어 있고, 분리배출할 때 안내된 그림을 보면 누구나 쉽게 따라서 할 수 있다. 나는 이 안내를 참고해 분리배출을 매주 진행했다.

투명 플라스틱은 라벨을 모두 제거한 후 분리배출을 진행했는데, 그 과정에서 차이를 확인할 수 있었다. 라벨이 완전히 잘 제거되는 페트병과 달리 일부 페트병의 경우 라벨은 완벽하게 제거되지 않고 비닐이 남는다. 올바른 분리배출과 재활용률을 높이기 위해서는 개인의 노력뿐 아니라 기업의 변화 또한 필요하고, 중요하다는 점을 알 수 있었다. 쓰레기 모니터링을 통해서는 8주 동안 종류별 배출 쓰레기양의 감소와 증가를 확인할 수 있었으며, 특히 플라스틱의 경우 배달음식과 종이는 택배 횟수와 밀접하다는 사실을 알아냈다.

지구 그리고 나 자신을 위한 일

쓰레기 모니터링은 실천성, 지속성, 비용적인 측면을 보았을 때 이번 학기 동안 했던 다섯 가지 실천 활동 중에서 가장 높은 점수를 주고 싶다. 버려지는 쓰레기는 내가 평상시에 무엇을 사고 먹는지를 그대로 보여주었기에 그 과정에서 나의 행동을 되돌아볼 수 있었다. 그렇게 매주 생활의 흔적을 눈으로 확인하다 보니 무언가 살 때도 한 번 더 생각했고 불필요한 소비도 줄였다.

이번 프로젝트를 통해 환경을 위한 행동들은 나를 성장시키고 건강하게 하는, 환경뿐 아니라 '나' 자신을 위한 활동이 될 수 있음을 실감했다. 이 실천 프로젝트로 나는 지구와 인류가 공생하기 위해서는 환경을 지켜야 하고, 누구보다 나 자신의 실천이 절실하다는 사실을 깨달았다. 그래서 앞으로도 이 실천을 지키겠다고 다짐했다.

웹 서핑으로도 이산화탄소가 발생한다고

인터넷에 접속하는 동안 일어나는 일

친환경적이라고 홍보하는 제품을 찾기 위해 많은 이들이 오랜 시간 인터넷에 접속하면 환경에 부정적인 영향을 끼치지는 않을까? 만일 오랜 시간의 인터넷 사용으로 인한 이산화탄소 배출량이 무시할 수 없는 수준이라면, 가만히 있어서는 안 되지 않을까?

웹 서핑과 이산화탄소 배출은 전혀 상관없을 것 같지만 오히려 연관성이 깊다. 얼마 전까지만 해도 컴퓨터나 스마트폰을 이용한 웹 서핑을 대수롭지 않게 여겼는데, 최근 프라이탁

(FREITAG)이라는 회사의 가방을 사기 위해 매일 홈페이지를 드나들다 보니 문제의식을 느꼈다.

프라이탁은 트럭 방수포와 안전벨트, 자전거 튜브를 재활용해 가방으로 재탄생시키는 스위스 기업이다. 문제는 이 기업이 많은 인기를 얻으며 원하는 디자인의 제품을 사기 위해서는 매일 홈페이지 새로고침을 하며 하염없이 기다릴 수밖에 없다는 점이다. 그래서 원하는 제품을 사기 위해 자주 프라이탁 홈페이지를 방문했다. 프라이탁 홈페이지 구경에만 그치지 않고 계속 다른 웹사이트도 방문하며 시간을 보냈다. 그러다 보니 '웹 서핑하는 행동이 환경에 부정적인 영향을 미치고 있지는 않을까?'라는 의문이 들어 웹 서핑이 환경에 미치는 영향을 조사해 보기로 했다.

전기 사용량 1킬로와트시(kWh)를 생산하기 위해서는 424그램의 이산화탄소가 발생한다. PC 한 대를 평균 4시간 사용 시 한 달 동안 약 17킬로그램의 이산화탄소가 발생하는 셈이다. 이에 근거해 웹 서핑하며 방출한 이산화탄소량을 계산했다. 학교 강의 수강, 과제 제출처럼 꼭 필요한 인터넷 사용을 제외하고 불필요한 인터넷 사용 시간을 하루 1시간으로 계산했다. 일주일간 하루 1시간씩 홈페이지에 접속했다면 991.6그램의 이산화탄소를 방출했음을 알 수 있었다. 하루 1시간보다 보통 더 오래 웹 서핑한다고 예상하면 결코 적은 부담이 아니다.

웹 서핑과 탄소발자국

친환경 마케팅으로 홍보하는 기업의 제품을 찾을 때는 과연 정말 친환경적인지를 비판적으로 선별하고, 그린 워싱을 하는 기업이라면 이용하지 않는 현명한 소비자의 태도가 필요하다. 그린 워싱(green washing)은 경제적 이익을 목적으로 상품의 친환경적인 특성을 과장하거나 허위로 꾸며 광고하거나 포장하는 행위로 위장환경주의로 부르기도 한다. 소비자가 비판적인 안목을 기르기만 해도 기업의 위장환경주의를 막는 행동이 될 수 있다.

아무리 친환경적인 기업이라 해도 소비자가 제품을 구매하고 소비하는 과정에서 적지 않은 양의 이산화탄소를 배출한다면 과연 그 기업을 친환경적이라고 할 수 있을지 고민할 필요가 있다. 특히 요즘은 친환경 마케팅이 대두되며 위장환경주의를 시도하는 기업이 늘어나고 있다. 따라서 소비자는 탄소발자국을 최대한 줄이는 제품을 이용하는 태도를 길러야 한다. 환경보호에 기여하는 기업인지 비판적으로 살피는 안목을 기르고, 소비자도 스스로 이산화탄소 배출량을 줄이는 생활습관을 길러야 한다.

여기에 그치지 않고 불필요한 인터넷 사용을 줄이는 노력도 필요하다. 프라이탁 가방을 살 때, 기업의 친환경에 대한 진심에 매력을 느낀 소비자가 많다. 그런데 가방을 사겠다고 인터넷 접속을 너무 오래 하고 있다면? 이로 인한 이산화탄소 방출량도 많을 수밖에 없다. 그러면 자연스럽게 프라이탁 가방과 소비자의 친환경 소비 취지를 잃을 수 있다. 누군가는 너무 예민하게 생각하고 있다고 지적할 수 있지만, 그래도 이왕 환경을 위한 일이라면 좀 더 꼼꼼하게 노력해야 하지 않을까.

메일만 지워도 지구를
지킬 수 있다

디지털 기기가 지구 온도를 높이고 있다니

겨울방학 기간에 스마트폰을 과도하게 사용하면서 눈이 나빠졌다. 잠들기 전에 습관적으로 스마트폰으로 유튜브나 넷플릭스 등을 시청하다 보니 눈도 뻑뻑하고 머리도 멍해서 잠이 오지 않았다. 스마트폰을 보는 시간이 길어지면서 잠드는 시간이 미뤄지고, 그러다 보니 기상 시간이 늦어졌을 뿐 아니라 깊게 자지도 못했다.

과도한 스마트폰 사용은 건강만 해치는 것이 아니라 환경에도 악영향을 끼쳤다. 내가 스마트폰을 붙잡고 지내는 시간이 길어질수록 디지털 탄소발자국이 커졌기 때문이다. 디지털 탄소발자국이란 디지털 기기에서 와이파이·LTE 등 네트워크를 거쳐 최종 연결을 위한 데이터 센터까지 서버를 연결하는 과정에서 이산화탄소가 발생하는 현상을 말한다. 영상 콘텐츠를 시청하는 과정에서 디지털 기기가 데이터 센터와 연결됨에 따라 열이 발생하고 이산화탄소가 방출되는 등 눈에 보이지 않는 환경문제도 있다.

데이터 센터는 24시간 서버와 데이터 저장 장치(스토리지)를 가동하고, 내부 온도와 습도를 일정하게 유지해야 하는 등 전력 소비가 매우 커 '전기 먹는 하마'로 불린다. 데이터 센터 1개당 평균 연간 전력 사용량은 25기가와트시(GWh)로 4인 가구 6천 세대가 연간 사용하는 전력량과 맞먹는다. 2022년 12월 기준 국내 147개 데이터 센터의 전력 수요는 1,762메가와트(MW), 2029년까지 세워질 총 732개의 신규 데이터 센터의 전력수요는 4만 9,39메가와트로 알려졌다.

2020년에 유튜브는 모든 영상의 기본 화질을 저화질로 바꾸었다. 업데이트 후 선명한 화질로 보려면 설정에 들어가서 고화질을 선택해야 했다. 이 불편한 업데이트는 환경 때문이라고 한다. 스트리밍 영상을 고화질로 볼수록 소비되는 에너지양이 크기 때문이다.

처음에는 '유튜브 영상 화질이 환경에 큰 도움이 되겠어?' 하고 시큰둥했지만, 찾아보니 필요하고 좋은 정책이라는 생각이 들었다. 유튜브를 이용하는 전 세계 인구가 항상 영상을 시청하고 있지는 않다. 공부하거나 운동할 때 음악을 듣는 용도로 유튜브를 보기도 하는데, 이때는 영상 화질이 고화질이지 않아도 된다.

비슷한 정책이 더 있지 않을까 싶어 찾아보니 2021년 12월부터 정부에서 디지털 탄소 다이어트 챌린지를 시행하고 있다고 한다. 읽지 않는 메일을 삭제하고 스팸 메일을 차단해서 에너지 낭비를 줄이는 캠페인이다. 데이터를 관리하는 센터에서 각종 서버와 정보를 저장하는 스토리지 등 정보통신 장비를 유지하기 위해 냉각 및 소방 시설을 가동한다. 따라서 불필요한 메일을 지우면 냉각 및 소방 시설을 덜 이용해 온실기체도 그만큼 줄일 수 있다. 이에 호기심이 생겼고, 디지털 탄소 다이어트에 동참하기로 했다.

스마트폰 사용 시간을 줄이면 생기는 일

애플리케이션 스테이프리에서 스마트폰 사용 시간을 측정한 결과, 프로젝트 시작 전 하루 평균 4시간의 스마트폰을 사용했으며, 스마트폰 자체적으로 월평균 42.20기가바이트(GB)의 데이터를 사용하고 있음을 알 수 있었다. 친환경 활동의 세부 실천 항목으로 스마트폰 사용 시간을 하루 3시간 이하로 줄이고, 데이터 사용량을 줄이기로 했다. 프로젝트 기간 하루 평균 2시간 정도 줄여 스마트폰 사용 시간 및 월평균 약 17기가바이트의 데이터 사용량을 줄였다. 데이터 1메가바이트(MB)를 사용하면 이산화탄소가 약 11그램 발생한다는 기준에 따르면, 프로젝트 기간에 이산화탄소를 총 191.5킬로그램 줄일 수 있었다. 스마트폰을 손에서 내려놓기는 매우 어렵다. 그러나 잠들기 전에는 전원을 아예 꺼버리는 등 의도적으로 행동을 제약해 해결했고, 이를 통해 건강도 챙기고 환경도 보호할 수 있다는 점이 좋았다.

이외에도 생활에서 절전을 실천할 네 가지 방법이 있다. 유튜브로 음악을 들을 때 화질을 가장 낮게 설정하기, 매일 메일함 비우기, 절전모드와 개인정보보호 모드로 PC 설정하기, 밥 먹는 동안 핸드폰 사용하지 않기다.

첫 번째로, 노래나 ASMR을 들을 때는 유튜브 화질을 가장 낮게 설정했다. 유튜브 영상은 보는 용도이지만 듣는 용도로만 쓸 때도 많다. 특히 시험공부를 하면서 집중이 잘 되는 ASMR을 듣는데, 화질이 제일 낮아도 무방했다.

두 번째로 메일함을 매일 비웠다. 휴지통에 넣는다고 끝이 아니라 완전히 영구 삭제해야 한다. 주로 사용하는 계정 메일만 비우면 될 줄 알았는데, 예전에 가입한 다른 포털 사이트 계정도 생각났다. 어려운 일은 아니지만 귀찮다고 대충할 수도 있으므로 시간을 정해두고 사용하는 모든 계정 메일함을 정리했다. 평일에는 첫 수업 시작 5분 전에, 주말에는 점심 먹고 난 후 메일을 정리했다. 평소에 제대로 확인하지 않는 정기 구독물도 구독 해제했다.

세 번째, 절전모드를 사용하니 노트북 충전 시간이 줄어들어 좋았다. 개인정보보호 모드를 설정하면 대부분의 데이터 전송이 차단되어 불필요한 데이터에 쓰이는 온실기체 배출을 막을 수 있다.

마지막으로, 밥 먹는 동안 핸드폰을 쓰지 않기로 했다. 친구와 밥을 먹을 때는 이야기를 나누기 때문에 쉬웠으나 집에서 혼자 먹을 때는 핸드폰 사용을 참기가 조금 힘들었다. 밥 먹으면서 핸드폰을 하는 것에 익숙해졌기 때문이다. 그래도 환경보호를 위해 꾸준히 실천했다.

스마트폰 사용 줄이면 지구가 건강해지는 이유

메일 지우기가 환경에 도움이 된다는 말을 처음 들으면 이해하기 힘들다. 이 둘은 직접적인 관련이 없어 보이기 때문이다. 하지만 이 친환경 실천은 간단한데, 환경에 많은 도움이 된다. '이게 진짜로 도움이 된다고?' 하는 의심이 들 정도로 사소해 보이는 행위가 의외로 환경에 도움이 된다는 사실이 놀라웠다.

지구를 지키자는 말에 공감하지만 당장 무엇을 해야 할지 모른다면, 이런 간단한 실천부터 시도하면 어떨까? 시간도 별로 걸리지 않고 어렵지도 않다. 참신하고 신선한 경험이라 환경보호에 더 관심을 가지는 계기가 될 수도 있다.

과도한 스마트폰 사용은 데이터 사용에 따른 환경문제뿐만 아니라 사회병리적인 부작용까지 가져오는 등 앞으로 더욱 부작용이 심해질 전망이다. 우리는 스마트폰에서 다양한 정보를 얻을 수 있는데, 그 과정에서 데이터가 오가며 이산화탄소가 방출된다. 2016년 전 세계 데이터 센터의 전력 소비량 416.2 테라와트시(TWh. 1테라와트시는 1와트시의 1조 배)로, 영국 전체 전력 소비량(300테라와트시)을 100테라와트시나 넘는 수준이었다. 2025년 데이터 센터에서는 전 세계 전력의 20퍼센트를 소비하고, 전 세계 탄소 배출량의 3.2퍼센트를 발생하리라는 예측이다.

지난 2020년, 교육·업무·문화·오락 등 일상생활의 전 분야에서 비대면 온라인 활동이 급증함에 따라 사람들의 데이터 소비가 급증했다. 더구나 우리나라는 5G 이동통신 기술이 상용화됨으로써 1인 월평균 데이터 이용 10기가바이트 시대가 도래했다. 데이터는 제4차 산업혁명의 주요 자원으로 활용되기에 데이터 센터의 사용량은 지금보다 증가할 것이며, 이에 따른 디지털 탄소발자국도 확대될 예정이다.

우리 모두의 디지털 탄소발자국 줄이기

디지털 탄소발자국은 데이터 센터를 냉각시키는 과정에서 확대된다. 데이터 센터의 에너지는 정보 통신장비의 냉방에 50퍼센트, 정보통신장비 가동에 35퍼센트, 에너지 손실로 15퍼센트 정도 소비된다. 이때 발생하는 폐열을 재활용해 데이터 센터를 냉방하면 디지털 탄소발자국이 줄일 수 있다. 따라서 데이터 센터에서 발생하는 열을 에너지산업으로 연계시키는 방향의 사업이 추진될 수 있다.

강원도 춘천 수열에너지 융복합 클러스터 조성 사업은 데이터산업과 에너지산업이 연계되는 우리나라 최초의 클러스터다. 우리나라는 저렴한 요금으로 안정적인 전력 공급이 가능하고, 동아시아 거점으로서 최적의 입지를 가지고 있어, 다국적기업들의 데이터 센터 거점이 되고 있다. 춘천에서는 2027년 완공을 목표로 수열에너지 융복합 클러스터를 조성하고 있는데, 이는 4개 구역, 데이터 센터 집적단지, 물기업 특화단지, 첨단농업단지, 친환경 생태주거단지로 구성된다. 클러스터는 소양강물을 활용해 데이터 센터 집적단지에서 방출되는 열을 냉각시키며, 이때 가열된 물을 가정용 난방·농업·에너지 발전 등으로 활용하도록 설계되었다.

종합하면 개인 차원에서 시간을 보내는 등 스마트폰을 불필요하게 사용하면서 데이터를 소비하면 디지털 탄소발자국을 확대할 수 있으므로 피해야 한다. 기업의 경우 데이터 센터를 친환경적으로 설계해야 한다. 특히 데이터 센터의 에너지 소비 구조를 고려해 데이터산업과 에너지사업을 연계해야 한다. 더 나아가 개인과 기업 모두 데이터에 따른 환경문제에 관심을 두고, 데이터 사용량을 절감할 수 있도록 근본적인 노력을 기울여야 한다.

환경 지식을
공유합시다

　친구와 환경문제를 해결하기 위한 실천 방안을 고민하던 중 '분리배출'에 대한 이야기가 나왔다. 많은 사람이 정확한 분리 배출 방법을 모르고 있어서 분리배출이 제대로 이루어지지 않 고 있다는 뉴스 기사가 화두였다. 그래서 놓치기 쉬운 분리배 출 방법을 올바르게 알려주기 위해 안내 포스터를 제작하기로 했다.

　정확한 분리배출 방법을 알려주기 위해 생활 속에서 가장 많 이 배출되는 쓰레기 종류 네 가지를 선정해 포스터를 제작했 다. 이때 일반적인 분리배출 상식보다 기존에 '몰랐던' 분리배 출 방법을 중심으로 소개하기 위해 친구들과 논의 과정을 거쳤다. 포스터를 제작하고 주변에 보여준 결과 많은 이들이 처음 본 내용이 많다고 말했다. 그래서 다른 사람들은 이 포스터에 대해 어떻게 생각할지 알고 싶어 설문조사를 진행했다. 설문조사 결과 '해당 포스터를 통해 새로 알게 된 사실이 있나요?' 라는 질문에 약 90퍼센트가 '예' 라고 답변했다.

정확한 분리배출을 통해 재활용률을 높이면 새로운 자원을 생산하는 데 사용되는 이산화탄소를 줄이고 에너지를 절약해 환경을 보호할 수 있다. 잘못된 분리배출은 재활용할 수 없는 쓰레기로 배출되어 각종 오염물질로 환경을 오염시키고 건강을 위협할 수 있으므로 올바른 분리배출을 위한 방법을 알고 실천하는 것이 중요하다.

프로젝트를 진행하면서 내가 좀 더 적극적으로 실천할 방법에는 무엇이 있을까를 생각해보니 더 많은 사람이 환경문제를 인식하고 실천하도록 장려할 수 있겠다는 생각이 들었다. 그래서 지금까지 내가 동참했던 '탄소발자국 캠페인' 을 통해 얻은 탄소발자국과 관련한 내용을 인포그래픽으로 만들어 인스타그램에 공유했다.

이렇게 한 달 동안 환경문제와 관련한 포스터를 제작하고 공유하는 캠페인을 SNS로 실시했다. 캠페인이 사람들의 인식 및 행동에 변화를 일으킬 수 있는지 궁금하기도 하고 캠페인을 통해 학생들이 환경문제에 얼마나 관심을 두고 실천하고 있는지 확인하기 위해서였다.

이 지식 공유 캠페인과 설문조사를 통해 많은 사람이 환경문제에 관심을 두고 있다는 사실을 알 수 있었다. 아울러 탄소발자국에 대한 인식이 높아지고 있지만, 정확하게 무엇을 의미하는지, 그리고 어떻게 실천해야 하는지 더 많은 정보를 알려주어야 한다는 점을 이 설문조사와 캠페인으로 알 수 있었다.

환경문제는 거창한 구호나 웅변으로 해결되지 않는다. 한 사람 한 사람의 생각의 전환 그리고 사소하지만 일상에서 적극적으로 참여하는 실천이 절실하다. 환경문제를 해결하기 위해 개인적으로 텀블러를 사용하거나 대중교통을 이용하는 개인의 실천에 시너지를 내기 위해 정부와 기업의 적극적인 협업도 필요하다. 이렇게 뒷받침해주는 정부와 기업의 노력 없이는 환경문제는 공염불에 그칠 수 있기 때문이다. 이를 위해 먼저 모두가 한 곳에 모여 환경 지식을 공유하고 모두가 함께 참여할 수 있는 방법은 무엇인지 찾아보는 것은 어떨까?

익숙한 물건에 질문을 던져보자

"우리가 백날 분리배출하면 뭐 해. 중국과 미국 사람들이 훨씬 더 많은 쓰레기를 내놓을 텐데."

"이렇게 노력해봤자 뭐가 바뀌겠어?"

"기후위기 비상행동에 나선다고 해서 나한테 돌아오는 게 뭐가 있어?"

나는 늘 이런 말을 하곤 했다. 매주 번거롭게 분리배출할 때마다, 환경정화 봉사활동을 갈 때마다 환경오염의 주된 가해자는 산업활동을 하는 기업이라고 생각했다. 나와 같은 개인은 별 책임이 없는데도 억울하게 기후위기 원인제공자로 지목받는다고 막연히 생각했다.

그러나 이번 프로젝트를 실천하면서 그런 생각은 완전히 바뀌었다. 모든 기후위기의 밑바탕에는 '개인'이라는 이름에 숨어 있는 '인류'가 있었다. 수많은 개인, 즉 인류의 편의를 위해 환경은 훼손되고 자연은 쫓겨나고 있었다. 그래서 이런 생각을 했다.

'우리가 덜 편해지면 지구가 살 만하지 않을까?'

프로젝트는 이 질문에서 시작된다.

일회용 월경용품은 여성들이 사회에 진출하기 시작하며, 빨아 쓰는 재래식 천 생리대의 불편함을 극복하기 위해 만들어졌다. 편리하지만 매년 막대한 폐기물이 발생한다. 그렇다면 다시 과거로 회귀할 수는 없으니 편리한 다회용 월경용품으로 사용하면 되지 않을까? 이것을 쓰면 생활에 지장이 갈 정도로 불편할까? 직접 체험해보자!

그래서 서울시 영등포구에 있는 '월경상점'에 들러서 내게 알맞고 재활용할 수 있는 월경용품을 이용해보기로 했다.

내게 맞고 재활용할 수 있는 월경용품

지난 1년 동안 나는 월경용품에 약 12만 원을 썼다. 소모된 플라스틱 어플리케이터는 240개 정도다. 이 계획을 실행할 경우 '3개월×12그램(탐폰 한 개의 무게)×20개(한 달 평균 탐폰 사용량)'이므로 프로젝트 기간 약 720그램의 쓰레기 발생량을 줄이는 효과가 있다. 더불어 탐폰 쇼크도 예방할 수 있다. 그러나 재사용이 가능한 월경용품은 일회용 월경용품보다 다소 비싼 가격에 살 수밖에 없다는 단점이 있다.

당시 영등포구에 있는 '월경상점'에 직접 방문해 내게 알맞은 친환경 월경용품을 구입하려 했다. 그러나 얼마 전에 운영을 종료했단다. 그래서 하는 수 없이 온라인으로 샀는데, 사용기간이 길어서인지 초기 비용이 꽤 나갔다. 디스크형 생리컵(4만 5천 원), 초대형 면 생리대 두 개(2만 4천 원)를 사는 데 든 비용은 무려 6만 9천 원이었다.

장기적으로 보면 친환경 생리대의 경제적 비용이 덜 나가지만, 저소득층이나 학생들에게는 높은 초기 비용이 부담된다. 국가적으로 공공 생리대, 바우처 생리대 지원 사업처럼 친환경 생리대 구입을 지원하고 장려하기를 기대한다.

2개월 기준	사용 전	사용 후
폐기물	480그램(한 개당 12그램의 탐폰 20개입 2팩씩 사용)	0그램
건강 상태	생리대 장기간 착용 시 습기 형성→사타구니 습진 탐폰 쇼크 유발 위험성 화학용품 냄새로 인한 월경 스트레스 두통 및 월경통	습진 개선 탐폰 쇼크 유발 위험성 없음 월경 스트레스 감소 월경통 완화
금전적 비용	생리대(8천 원)+탐폰(2만 원) =약 2만 8천 원	면 생리대(2만 4천 원)+생리컵 (4만 5천 원)=약 6만 9천 원

누구나 할 수 있다

친환경 월경용품을 사용해본 장단점은 다음과 같다.

우선 장점으로는 장기적인 관점에서 친환경 생리대가 더 경제적이다. 장기적(2년 이상) 사용을 놓고 보면, 탐폰만 사용할 경우 12만 원이 드는데, 면 생리대나 생리컵을 계속 사용할 경우 6만 9천 원이 들기 때문에 5만 1천 원을 절약할 수 있다.

친환경 월경용품을 사용하기 위해서는 일회용품보다 감수해야 하는 불편한 점이 많았다. 4월 초반에는 친환경 월경용품 적응 기간을 가졌고 5월에서야 능숙하게 쓰기 시작했다. 면 생리대는 기존 생리대와 다르게 빨아야 한다. 반나절 입고, 빨고, 다음날 마르면 다시 입는 과정을 반복했다. 당시 나는 생리컵을 질에 삽입하기가 두려웠다. 그래서 4월 생리 주기 1~4일차에는 면 생리대만 사용했다. 피가 많이 나오는 2~3일 차에는 그만큼 찬물에 오래 빨아야 한다. 더구나 빨고 나서도 물비린내가 나기 때문에 세탁기에 한두 번 더 돌려야 할 때도 있는 등 귀찮은 빨래 과정을 거쳐야 한다는 단점이 있다.

처음에 생리컵을 사용했을 때는 심리적 부담감도 매우 컸다. 디스크형 생리컵은 직접 생리컵을 손으로 접어 직접 질 안에 넣고, 치골 쪽에 고정해 그곳에 월경혈을 받는 간단한 과정을 거친다. 하지만 생리컵을 처음 사용할 때는 이 과정이 매우 어려웠다. 생리컵 사용이 어렵다는 후기를 보면 처음에는 이물감 때문에 사용에 거부감이 느껴지기도 하고, 서툴게 착용하다보니 생리컵이 정확한 자리에 안착하지 못해 월경혈이 새는 등여러 시행착오를 겪었다고 한다.

하지만 5월 주기 때 생리컵과 면 생리대를 병행해 쓰면서 나만의 빨래 루틴을 만들 수 있었다. 생리컵 덕분에 면 생리대에 묻는 피의 양이 줄었고, 빨래가 훨씬 편해졌다. 거기다 유튜브와 생리컵 구매처 사이트를 통해 생리컵 사용 요령을 배우고 직접 적용하면서 생리컵을 삽입하는 데 익숙해졌다. 그 결과 그 어느 때보다 편안한 생리 주기를 보낼 수 있었다. 꾸준히 착용해보면서 요령을 익히는 것이 답이라는 결론을 내렸다.

이를 바탕으로 SNS에 친환경 월경용품이 건강과 환경, 경제에 얼마나 도움 되는지 홍보했다. 4월부터 두 달간 진행한 실천 후기를 인스타그램에 친환경 월경용품의 이점을 홍보하는 만화로 게시했다. '나도 했으니, 여러분도 할 수 있다'라는 메시지를 시사하고 여성들의 친환경 월경용품 사용을 장려했다.

나 하나의 실천으로 변화하는 세상

일회용 생리대로 발생하는 쓰레기는 연간 약 458만 톤에 이르며, 북미 지역의 연간 탐폰 애플리케이션 폐기량만 2만 개로 추정된다고 한다. 이 모든 월경 폐기물은 특히나 화장실에서 버려지는 폐기물이다 보니 제대로 처리되지 못하면 바다로 흘러 들어가 해양 생태계를 파괴하기도 한다. 혹은 정화조에 흘러가 고장을 유발해서 막대한 처리 비용이 든다. 요즘은 위생용품 수거함이 화장실마다 구비되어 있어 따로 잘 처리되는 방향으로 가려고 하고 있지만, 아직은 이에 대한 사회적 인식이 부족한 편이라고 느낀다.

'위기의 생태계와 미래' 강의 중에 교수님께서 이렇게 말씀하신 적 있다.

"우리는 호모 심바이오시스(*Homo symbiosis*), 즉 지구와 공생하는 사람이 되어야 합니다."

현대를 6차 대멸종 시대로 보기도 한다. 지금 이 순간에도 고산지대에 사는 구상나무는 수분이 부족해 말라 죽어가고, 국내 천연기념물들은 외래 생태계 교란 종에 잡아먹히고 있다. 해충이 늘어나고, 빙하의 면적은 계속 감소하며, 태평양 섬나라들이 잠겨 사라져 간다. 멸종은 이미 우리 곁에 있다.

어쩌면 현재, 멸종 위기의 생태계는 우리 인류가 새롭게 진화하는 계기가 될 수 있지 않을까. 자원을 사용하기만 하는 현생 인류에서 자연과 지속 가능한 발전을 이루며 공생하는 '호모 심바이오시스'로 진화하는 계기 말이다. 자연 앞에서 인간은 무력하다지만, 인간이 자연에 끼친 피해가 막대해 멸종만 기다리고 있다지만, 그래도 나는 작은 희망을 품고 오늘도 기후위기 대응 행동을 실천한다.

이런 동화가 있습니다.

숲에 큰불이 나서 모든 동물이 다 도망쳤습니다. 그런데 작은 벌새 한 마리가 물을 나르며 불을 끄려고 했죠. 이를 보고 다른 동물들이 말했습니다.

"그 작은 몸으로는 이 큰불을 끄기 힘들어."

그러자 벌새가 말했어요.

"난 내가 할 수 있는 최선을 다하고 있어."

전 이런 벌새가 되고자 했습니다.

– 왕가리 마타이(아프리카 그린벨트 운동 창시자)

라이프 스타일의 한 축이 된 비건 화장품

생산자가 아닌 이상 음식이나 의류 등을 생산하는 과정에서
발생하는 탄소 배출까지는 관여할 수 없다. 그렇기에 소비자로
서 어떤 제품을 선택하느냐가 지구의 환경문제를 풀어가는 데
중요하다. 우리가 매일 사용하는 제품 중에서 빼놓을 수 없는
것이 '화장품'이다. 화장품은 인체를 청결하고 아름답게 해 매
력을 더하고 용모를 밝게 변화시키거나 피부와 모발의 건강을
유지 또는 증진하기 위해 사용되는 물품이다. 보습 기능이나
자외선 차단 기능을 위해 사용하는 기초화장품은 피부 관리를

중요시하는 요즘 시대에 남녀노소가 사용하는 소비재다. 이런 화장품의 기능은 점차 좋아지지만, 한 통을 다 비워 갈 때면 늘 이런 의문이 들었다.

'꼭 필요한 물건도 아닌데, 피부를 가꾸기 위해 이렇게 많은 상품을 소비해도 괜찮을까?'

그래서 피부에 순하고 지구에도 좋은 화장품은 없는지 궁금해졌다.

친환경 소비, 윤리적 소비에 관심 있는 코덕들에게 요즘 '비건 화장품'이 떠오른다. 〈비건 화장품에 대한 인식과 사용 실태에 관한 연구〉 논문에 따르면, 많은 이들이 비건 화장품 사용의 소비 행태를 환경친화적 소비로 인식하고 있다. 비건 화장품을 선호하는 가장 큰 이유는 화장품 성분(47%)으로 나타났다. 비건 화장품의 인식에서는 '환경보호 차원에서 화장품도 플라스틱 사용을 줄여야 한다'가 가장 높았으며, 필요성은 '동물보호'가 높았다. 비건 화장품의 필요성 및 구매 의도는 화장품 사용 여부에 따라 차이가 있었으며, 만족도에서는 비건 화장품의 환경 인식이 가장 큰 영향을 미치는 변수로, 구매 동기에 따라 차이가 있었다. 특히 필요성 및 구매 의도가 높은 사람일수록 만족도가 높게 나타나, 비건 화장품에 대한 인식, 필요성 및 구매 의도, 만족도에 상관관계가 있다고 나타났다.

이를 미뤄볼 때 비건 화장품은 소비자의 사회문제에 관한 관심, 특히 친환경을 지향하는 윤리적 소비의 관심과 가치관을 반영하는 소비재다. 식물에서 유래한 화장품 성분의 선호와 함께 환경친화적인 라이프 스타일의 한 축으로 자리매김하리라 기대해본다.

광고 모델의 일상을 그대로 담은

의식주와 직접적인 영향은 없지만, 지속해서 소비하는 분야가 있다. 바로 뷰티 분야의 기초화장품과 색조 화장품이다. 워낙 크기가 작고 약 반년에서 1년 정도 기간을 두고 구매하기에 환경에 미치는 영향을 크게 고려하지 않았다. 환경친화적 재료와 성분보다는 동물실험을 하지 않는 브랜드를 선택하는 정도에 머물렀다. 그러나 최근 뷰티업계의 경향을 보면 폐플라스틱으로 화장품 용기를 만드는 '슬로소피', 100퍼센트 비건 성분을 사용하는 '멜릭서', '달바' 등이 비건을 겨냥한 제품으로 인기를 끌고 있다. 이전보다 화장품 시장이 성장하고 성분 또한 상향 평준화되어, 이런 신생 브랜드의 제품이 기존 유명 브랜드 제품에 밀리지 않는다는 인식이 퍼졌다. 이 덕분에 유행에 민감한 화장품 소비자들도 비건 화장품에 더욱 가까이 갈 수 있다.

처음 실천을 시작하면서 궁금한 제품을 다 사고 싶었지만, 꼭 필요한 제품이 아닌데도 구매한다면 환경을 위한 실천으로 적합하지 않기에 몇 가지만 먼저 구매했다. 멜릭서의 립 버터는 멜릭서의 광고 모델이 배우 임수정이라는 사실을 알고서부터 호기심이 생긴 제품이었다. 배우 임수정은 채식을 실천하며 환경에 관심이 많은 인플루언서다. 처음에는 임수정 배우가 모델이라는 사실을 알고 호기심이 생겼지만, 좀 더 검색해보면서 멜릭서가 국내 최초의 비건 스킨 브랜드라는 역사와 임수정 배우가 광고 모델에만 그치지 않고 실제로 모델로서 책임감을 갖고 큐레이터처럼 제품 원료 선정부터 패키지 디자인까지 직접 기획에 참여했다는 뉴스 기사를 보고 그 브랜드에 대한 관심이 생겼다.

멜릭서의 슬로건은 '사람과 자연의 건강을 모두 지킵니다'다. 건강하지 않은 화장품 시장을 바꾸고 일상 속의 건강하고 지속 가능한 소비를 도우려고 만든 브랜드다. 멜릭서는 모든 제품을 100퍼센트 완전 채식주의로 만들며 모든 동물성 원료를 사용하지 않는다. 비건 화장품임을 알려주는 여러 인증 중 하나인 프랑스 비건 인증기관 EVE(Expertise Vegan Europe)의 비건 인증(EVE Vegan)을 통해 비건 화장품을 인증받았다. 또한 재활용할 수 있는 소재와 지속 가능한 산림 경영을 통해 만들어진 소재를 사용해서 미래 세대를 위한 제품을 생산한다.

멜릭서에서 산 제품은 '립 버터'로, 보통 립밤이라고 부른다. 립밤은 입술에 바르는 제품이다 보니 일상적으로 무심코 먹곤 한다. 그런데 립밤에는 대부분 석유 추출 성분인 바셀린이 들어간다. 멜릭서 비건 립 버터는 바셀린 대신 아가베 추출물과 시어버터, 6가지 식물성 기름으로 만들었다고 한다.

제품 구매 기준을 비건 제품인지, 환경을 해치지 않을 제품이 맞는지 꼼꼼하게 확인하며 구매하는 과정은 힘들었지만 하다 보니 그 자체로 새로운 기분이었다. 또한 립밤의 색상 선택지가 18가지나 되어 오히려 기존 립밤을 사용할 때보다 자유롭게 고를 수 있다는 기분이 들었다. 우선 자연 유래 성분으로 만들어서인지 입술에 발랐을 때 향도 은은하고 부담스럽지 않다는 점이 좋았으며, 색도 상품 설명에 나온 대로 투명한 듯 진하게 발색되어 더욱 만족스러웠다.

'느림의 미학'으로 제품을 만든다면

'슬로소피'에서는 보습크림, 화장을 지울 수 있는 세안제, 세안 후 피부결을 정돈하는 데 사용하는 토너를 구매했다. 슬로소피는 인스타그램으로 적극적으로 홍보하는 브랜드다. 이곳은 인스타그램으로 자신의 일상을 만화로 그리는 여러 작가가 이 제품을 광고로 홍보하면서부터 알게 되었다. 비건 화장품에 대한 홍보를 이렇게 적극적으로 하는 브랜드는 처음 접해 호기심이 생겼다.

슬로소피는 느림의 미학을 뜻하는 'Slow+Philosophy'를 키워드로 패스트 뷰티 브랜드 직원이 모여 만든 'Slow Beauty' 브랜드라고 한다. 패스트 뷰티는 화려하지만, 그 뒤에는 불필요한 생산구조로 고통받는 지구가 있다. 그래서 브랜드 소개만 읽었지만, '이 브랜드를 만든 사람들이야말로 뷰티업계가 환경에 미치는 악영향을 가장 잘 아는 사람들이겠구나' 하는 생각이 들었다. 그래서 처음 들어보는 브랜드이지만 사용하기로 결심했다.

보통 기초화장품이 잘 맞지 않으면 피부 트러블이 일어날 수도 있어 보편적으로 많이 쓰는 제품을 사용하곤 한다. 그런 소비자의 심리를 알기 때문인지 슬로소피는 배송비만 지불하고 해당 제품들을 체험해볼 수 있도록 한다. 비건 인증이 워낙 다양해서 정확한 인증제도의 차이는 아직 모르지만, 슬로소피 제품은 영국비건협회인 비건소사이어티의 인증을 받았다고 해서 믿음이 갔다. 또한 화장품 용기가 분리 배출할 수 있도록 매우 쉽게 만들어졌다. 플라스틱 병에 끈끈한 접착제로 붙어 있는 설명서나 광고물 등이 없어서 버릴 때도 아주 간편했다.

유행이 아니라 오래 함께할 수 있기를

두 브랜드 제품을 사용하면서 공통으로 느낀 점은 비건 화장품이라고 해서 성분에만 신경을 쓰고 과대포장으로 쓰레기를 많이 만드는 제품은 그 제품을 구매하는 보람이 없어진다는 깨달음이었다.

물론 비건 화장품을 한 번 구매해 사용했다고 환경을 지켰다고 생각하기는 어렵다. 하지만 꾸준히 사용할 기초화장품을 처음 구매해 사용해본 기억이 좋게 남으면 소비자가 그 브랜드를 계속해서 사용하는 발판이 될 수 있다. 환경을 생각하는 마음으로 구매해보았는데 그 경험이 만족스럽지 않다면 이후 재구매 확률이 매우 낮아지기 때문이다.

사람들의 취향이 점점 더 다양해지고 유행은 빠르게 바뀌고 있기에 많은 브랜드에서 어떻게 성장해야 할지 고민이 깊다고 한다. 비건 브랜드들이 이토록 제조 과정과 제품 품질을 꼼꼼하게 챙기고, 과대 포장과 재활용할 수 없는 소재를 지양한다면 유행에 상관없이 오래 함께할 수 있는 해당 브랜드의 소비층이 더 늘어날 수 있다.

우리 다 같이
환경일기를 써봐요

    왜 환경문제를 고민하고 환경보호를 실천해야 할까? 저마다 이유는 다르겠지만, 미래세대가 살아가야 할 자연이 파괴되지 않도록 지키기 위해서라고 생각하는 이들이 많다. 후대를 위해 환경을 보호하고, 특히 환경 감수성을 길러줘야 한다. 그래서 나는 환경보호를 위한 실천의 하나로 동생과 함께 환경일기를 쓰기로 했다.

    우리는 가족과 불필요한 대기전력 끄기, 옷 최소 이틀 동안 입어 빨랫감 줄이기, 고기 대신 채소 많이 먹기 등 일상에서 쉽게 할 수 있는 환경보호 활동은 물론 플라스틱 사용이나 음식 남기기 등 비환경적인 행동을 했을 때 서로 반성하고 성찰할 수 있도록 환경일기를 기록하고 새로운 기후위기 대응 행동을 찾아 나섰다.

나는 동생과 하루에 한 번 환경일기를 썼다. 일기에는 하루 동안 환경을 지키는 데 도움 된 일을 한 가지 이상 기록했다. 추가로, 구체적으로 환경일기를 통해 어떤 효과가 있었는지 확인해보기 위해 샤워 시간과 가전제품 사용 시간을 계산해서 일일 수도 사용량과 전력 사용량을 기록했다. 이를 통해 이들을 점차 줄이기를 목표로 했다. 전년 3~6월 수도세와 전기세 평균값과 이번 연도의 평균값을 비교하고, 절약된 비용을 환경단체에 기부했다. 동생과 함께 실천한 사례를 기록하면서 나이에 상관없이 누구나 환경을 위한 활동을 할 수 있다는 사실을 깨달았고, 환경문제를 다시 생각하는 소중한 계기가 되었다.

동생과 나는 바쁘거나 아픈 날을 제외하고 4월 한 달간 거의 매일 환경일기를 썼다. 1개월 동안 총 34개의 환경일기를 작성했다. 우리는 일기를 쓰며 새로운 기후위기 대응 행동을 찾아 나가려 노력했다. 특히 지난번에 했던 대응 행동과 겹치고 싶지 않아, 인터넷으로 색다른 환경 행동을 찾아보거나 주변 지인들에게 조언을 얻어 새로운 시도를 해볼 수 있었다.

환경 실천을 일기로 기록하고 동생과 일기를 쓰는 일은 솔직히 귀찮기도 했다. 동생도 그랬다. 그래서 환경일기를 업데이트하면서, 색다른 기후위기 행동들을 찾아보며 흥미를 끌어내려 했다. 환경보호 행동이 좋은 일이기는 하지만, 동생이 이 때문에 스트레스를 받지 않고 즐겁게 실천하기를 바랐다. 그래서 동생이 좋아하는 그림과 캐릭터 옷 입히기를 환경일기에 결합했더니 매우 흥미로워했다.

나와 달리 동생은 5월에는 환경일기를 작성하지 않았다. 그래서 동생이 환경적인 행동에 소홀했다고 생각했지만 내 생각과 달리 동생은 불 끄기, 물 틀어 놓고 세수하지 않기를 비롯해 다양한 친환경적 행동이 이미 습관화가 되어 있었다. 이 글을 쓰는 지금도 켜져 있던 부엌 불을 서둘러 끈다. 배운 내용에 대한 흡수와 실천이 나보다 빠르고 앞선다. 이런 동생의 모습이 자랑스러우면서도 나에게 본보기가 되어주어 경쟁심이 생길 정도다.

우리가 기후위기 대응 행동의 주체로 활동하는 기회가 더 많아진다면, 그리고 올바른 친환경적 지식을 모든 세대가 함께 행동해나간다면 이 지구의 미래는 좀 더 나아지지 않을까.

결과적으로 전기세와 수도세는 작년 같은 달보다 21,980원 절약했다. 아껴 쓰려는 노력이 의미 있는 통계로 나타나 뿌듯했다. 현재는 이 절약한 비용을 어느 환경 단체에 투자하면 좋을지 알아보는 중이다. 적은 금액이라 어느 정도 사비를 보태야 하겠지만 그래도 마음만은 뿌듯하다. 또한 SNS를 통해 환경 일기 템플릿을 공유하고, 다른 사람들의 참여도 촉구할 계획이다.

요즘 재미있어 보이는 팝업 스토어나 전시회, 분위기 좋은 카페가 많이 생기고 있다. 이른바 핫 플레이스라고 불리는 이런 장소가 더 인기 있으려면 많은 사람의 방문 리뷰가 필요하다. 핫 플레이스를 방문하러 먼 곳까지 힘들게 갔는데 기대에 미치지 않는 경험을 하고 싶지 않기 때문이다. 많은 사람이 환경을 지키고 되살리는 실천에 동참하기를 바라는 마음에서 늘 환경 실천에도 리뷰가 필요하다고 느껴 왔다. 환경을 위한 실천을 검색하면 수많은 캠페인과 이벤트가 쏟아져 나오지만, 무엇을 어떻게 실천해야 하는지 자세하게 알려주는 곳은 드문 편이다.

기후위기, 환경오염, 지구온난화라는 말이 이제는 우리에게 낯설지 않다. 낯설지 않게 된 것은 최근의 일이 아니라 예전부터 그랬다. 초등학교에 입학하자마자 "지구가 아파요"라는 말을 들었다. 하지만 아프다는 말만 계속 듣고 있을 뿐 "지구가 회복 중이에요"라는 말을 들은 적은 없다. 친환경적 실천이 중요하다는 말에 피로감만 쌓인다.

어쩌다 이렇게 되었을까? 구체적인 친환경 실천 사례는 없는 권유만 계속 들어서 그런 것은 아닐까 싶다. 학교 다닐 때는 환경오염을 일으키는 행동과 대처법을 외우기만 했다. 실천은 필요 없었고, 외우기만 하면 되었다. 가끔 수행평가로 실제 행동을 요구하기는 했으나 일회성에 그쳤다. 그러다 보니 자연스럽게 기후위기와 관련된 일은 귀찮은 행동으로 여겨졌다. 더구나 뉴스를 보면 그린 워싱, 즉 위장환경주의를 하는 기업들도 심심치 않게 들린다. 이러니 "지구를 보호해요"라는 말은 귀찮고 심하면 위선적으로 들리기까지 했다.

이럴 때 더 목소리를 높인다고 달라지지 않는다. 오히려 묵묵히 실천해야 할 때다. 가치관이 바뀐 결정적인 순간이 언제였는지 생각해보면 대부분 행동으로 실천하고 싶다고 생각이 들 때였다. 아무리 좋은 조언이라도 마음에 닿지 않는 말은 귀담아듣지 않는다. 오히려 마음을 바꿀 때는 의도적으로 누군가를 설득하려는 의도가 아니었는데도 그 사람의 행동이 자연스럽게 주변에 본보기가 될 때다. "환경을 보호하세요!"라는 말이 아무리 좋은 의미를 지녔더라도 말로만 수백 번 외치기보다 실천하는 모습을 보여주는 쪽이 훨씬 효과가 높다.

　미국의 한 해군 대장의 연설이 화제가 된 적이 있다. 그는 졸업식 연사에서 "세상을 바꾸고 싶으면 침대 정리 정돈부터 하세요"라고 했다. 사소하더라도 하루의 첫 업무를 성공적으로 완수하면서 시작하면 작지만 뿌듯함과 용기를 안겨줘 다음 일을 진행할 수 있게 한다. 나의 실천도 '침대 정리 정돈'인 셈이다. 일상이 그렇듯 환경보호에 동참하기는 사소해 보이지만, 묵묵히 꾸준히 하다 보면 나중에는 나 자신의 습관이 바뀐다. 그리고 거기에 멈추지 않고 나를 통해 모두의 변화로 이어질 것이다.

우리는 세상을 바꾸는 주인공

사소하지만 결정적인
변화

우리는 많은 활동을 야외에서 한다. 조금만 살펴보면 밖에서 할 수 있는 친환경 실천 활동이 많다. 러닝을 좋아한다면, 자주 달리는 거리에서 오늘은 쓰레기를 줍는 플러깅을 해볼 수 있다. 친환경 활동을 만들어가는 기업이나 문화생활에 동참할 수도 있다. 더 다양한 환경 실천을 해보고 싶다면, 아홉 명의 친구가 직접 했던 다양한 친환경 활동을 참고해 나만의 환경 실천 방법도 만들어보자.

나는 걸으면서 환경을 생각한다

2020년 말 기준 국내 자동차 등록대수는 2,437만 대로 국토 면적에 비해 자동차가 많아 자동차 오염물질 관리가 어려운 상황이다. 2019년 기준 연료별 자동차 등록 대수는 휘발유, 경유, LPG의 순이다. 환경부 '2021년 환경백서'에 따르면 전국 대기오염 배출량 가운데 질소산화물(NOx)의 36.3퍼센트, 일산화탄소(CO)의 30.8퍼센트, 미세먼지($PM2.5$)의 9.7퍼센트가 자동차에서 배출되었다.

자동차의 연료인 휘발유와 경유는 탄소와 수소의 화합물인

탄화수소로 되어 있다. 화석연료 연소 과정에서 배출되는 일산화탄소 · 질소산화물 · 탄화수소 · 아황산가스 · 부유 분진 등 대기오염 물질로 인한 생태계 오염 문제도 일으킨다. 배기가스 가운데 배출 비중이 가장 높은 화학물질은 질소산화물이다. 질소산화물은 스모그를 일으키고 인체에 해로운 오존으로 변하는 화학물질로, 대기오염의 원인 물질로 꼽힌다. 자동차가 움직이기 위해 연소실에서 공기 중의 산소와 화학반응을 해 최종적으로 이산화탄소와 물이 만들어진다. 이때 연소 과정에서 산소가 충분하지 않으면 일산화탄소라는 화학물질이 생성된다. 그리고 이산화질소와 오존 오염도 갈수록 심각해졌다.

나는 자가용 이용을 줄이고 걷기 활동을 통해 환경과 건강 두 마리의 토끼를 잡을 수 있다는 생각으로 프로젝트를 진행했다. 교통 부문의 환경문제는 개인의 의지와 노력으로는 해결할 수 없다. 하지만 개인들의 의지와 노력이 한데 모인다면 모두의 생각과 방향을 바꿀 수 있지 않을까. 그리고 이런 변화는 결국 나의 사소한 행동 하나부터 시작하지 않을까. 생활 속에서 실천하는 환경 살리기의 하나로, 나는 가까운 길은 되도록 차를 이용하지 않고 걸어 다니기, 엘리베이터 대신 계단 이용하기를 실천했다.

환경과 건강을 동시에 챙기는 걷기

걷기 활동을 위한 구체적인 실천 사항은 다음과 같다. 첫째, 일주일에 세 번 아르바이트하러 가는 시간 중 한 번은 걸어서 가기. 프로젝트 시작 전에는 항상 버스를 이용했고 급할 때는 택시를 타기도 했다. 시간이 여유로운 일요일에는 걸어서 출근할 수 있도록 실천 계획을 세웠다. 이번 프로젝트를 계기로, 대중교통을 최대한 이용하고 더 나아가 걷기를 생활화할 수 있도록 노력했다. 둘째, 엘리베이터 대신 계단을 이용하기. 지금 거주하고 있는 집은 아파트 8층으로, 충분히 계단을 통해 이동이 가능한 높이다. 따라서 외출할 때 계단을 이용하고, 집에 올 때도 최대한 계단을 이용해 걷기 활동을 생활화하고, 엘리베이터 사용으로 인한 전기 사용을 줄일 수 있도록 노력했다.

중랑천 주변 아르바이트 가는 길

환경을 위한 실천 중 '걷기, 환경과 건강을 한 번에' 활동은 아르바이트 장소까지는 자전거로 약 13분, 도보로는 약 40분이 소요된다. 따라서 대중교통을 이용할 때 소요된 20분보다 두 배의 시간이 소요되었고, 이에 맞춰 부지런히 준비한 후 평소보다 20~30분 정도 일찍 출발해야 했다. 하지만 아르바이트 장소로 가는 길이 중랑천 산책길을 따라 이어져 있어 편하게 이동할 수 있었다. 걸으면서 나만의 시간을 누릴 수 있어 멀다는 느낌도 않았다. 또한 길가에서는 많은 꽃을 볼 수도 있고, 낮에는 맑은 하늘도 볼 수 있어 심적인 휴식도 가져다주었다.

다음으로는 계단 이용 일지를 작성해 최대한 계단을 이용할 수 있도록 노력했다. 외출한 날을 기록한 결과, 36번의 외출 중 10번을 제외하고 모두 계단을 이용했다. 이는 약 72퍼센트의 실천율을 기록했다. 8층이다 보니 멀지도, 그렇다고 가깝지도 않은 높이였다. 하지만 생각을 바꾸면 행동이 되고, 행동을 바꾸면 습관이 되고, 습관을 바꾸면 세상도 변할 수 있다는 마음가짐으로 시작하니 전혀 힘들지 않았다. 오히려 몸이 건강해지면서 마음도 가벼워졌다.

그래서 나는
슬로우 패션을 시작했다

금방 사고 빨리 버려지는 옷

새로운 학기가 시작되는 봄. 늘 그랬듯 새 옷을 사고 싶은 마음이 가득했다. 새로운 계절에 유행하는 예쁜 옷을 입고, 여기저기 코디하기 좋은 기본 아이템을 찾고 싶었다. 사실 지금껏 학기가 시작할 때마다 새 옷을 샀고, 일상처럼 옷장을 새 옷으로 채워 왔다.

하지만 올해는 옷을 새로 사고 싶은 마음에 제동을 걸었다. 작년 가을에 들은 '슬로우 패션'이라는 개념 때문이다. 환경 동아리 활동을 하며 만난 친구에게서 의류 사업의 환경문제를 들으면서 멋있기만 한 패션산업의 어두운 이면을 알게 되었다. 다른 물건도 그렇겠지만 특히 의류는 유행을 좇아 쉽게 소비되고 금방 버려진다. 필요해서 사는 옷보다 '사고 싶어' 사는 옷이 더 많기 때문이다. 그렇기에 쉽게 옷을 소비하기보다 의류가 환경과 사회에 끼치는 여러 영향을 알고 소비하는 데 주의를 기울여야 한다.

생각해보면 생활 속에서 슬로우 패션을 실천할 수 있는 일은 찾아보면 의외로 많다. 지금 당장 유행을 따라가기 위해 저렴한 옷을 자주 사 입기보다 오래 입을 수 있는 옷을 사 입으면 된다. 소재도 지속 가능한 재료를 고르고, 새 옷만 고집하기보다 중고 의류로 구할 수는 없는지 찾아볼 수 있다. 탄소발자국을 줄이기 위해 국내에서 생산하고 원단이나 재료도 국산인 옷을 찾을 수도 있다. 나는 이런 장점이 있는 슬로우 패션에 도전하기로 했다.

우리 삶도 슬로우 패션일 수 있을까

패스트 패션(fast fashion)으로 인한 환경문제는 크게 탄소발자국, 물 소비, 수질오염, 화석연료 사용, 미세플라스틱, 토양 황폐화, 의류 쓰레기 등이다. 많은 문제를 일으키는 이 패스트 패션이 하나의 유행으로 자리를 잡으면서 브랜드는 매장에 다달이 새로운 제품을 진열하기 시작했다. 더 많이 판매하기 위해 저렴한 옷을 빠르게 생산해서 판매했고, 이는 옷을 자주 사고 쉽게 버리는 소비문화로 이어졌다.

미국 섬유산업 비영리단체 텍스타일 익스체인지의 2022년 보고서에 따르면, 지난 2021년 세계 섬유 생산량은 1억 1,300만 톤으로 2000년 5,800만 톤보다 두 배 정도 늘었다. 의류의 과잉 생산은 과소비를 부추겨 의류의 평균 수명이 줄어들며 의류 폐기물이 많아졌다. 2020년에는 하루에 약 225톤의 섬유가 생활폐기물로 버려졌다.

값이 싸고 내구성이 있는 폴리에스터 등 합성섬유가 전체 섬유의 65퍼센트를 차지하면서 이산화탄소 배출, 미세플라스틱으로 인한 해양 생태계 오염, 토양 오염 등 환경 피해가 심해진다. 유엔기후변화협약(UNFCCC)에 따르면 패션산업이 배출하는 탄소량은 항공업과 해운업이 소비하는 에너지를 합친 양보다 많아 전체의 10퍼센트를 차지했다. 청바지 한 벌을 생산할 때 내연기관 자동차가 약 45킬로미터를 갈 수 있는 약 11.5

킬로그램의 온실기체를 배출한다. 아크릴·나일론·폴리에스터 등 저렴한 합성섬유는 화석연료를 원료로 만들기 때문에 일반 면티를 제작할 때보다 탄소를 2~3배 더 배출한다.

브랜드의 신제품 출시 횟수가 잦아짐에 따라 세계 의류 생산량은 2000년 500억 벌에서 15년 사이 1천억 벌로 두 배 증가했다. 1년에 천억 벌이 생산되는 규모로 거대해진 의류산업은 큰 탄소발자국을 남긴다. 생산 과정인 작물 재배, 동물 사육부터 제조, 염색, 봉제 작업, 저장, 운송, 판매, 폐기 과정에 탄소를 배출할 일이 더 많아졌기 때문이다.

전 세계에서 두 번째로 물을 많이 소비하는 산업도 패션산업이다. 한때 아시아에서 네 번째로 큰 호수였던 우즈베키스탄 아랄해는 겨우 50년 만에 거의 말라 소금 먼지가 날리는 사막으로 바뀌었다. 구소련 시절부터 아랄해로 유입되는 상류 하천인 아무다리야강과 시르다리야강의 강물을 끌어다 목화를 생산했기 때문이다. 이렇게 목화로 면을 생산한다고 해서 끝이 아니다. 옷에 다양하게 염색하는 과정에서 많은 화학물질이 쓰인다. 자연에서 재배한 원료를 하얗게 표백하는 과정이 필요해 흰옷이라고 해서 수질오염이 덜하지 않다. 이런 공정에 쓰인 물이 강으로 흘러가면서 발생하는 수질오염은 전 세계 수질오염의 17~20퍼센트에 이른다.

국제자연보전연맹(ICUN)의 2017년 보고서에 따르면, 미세플라스틱의 35퍼센트가 세탁할 때 손상되는 합성섬유에서 발생한다. 석유에서 추출된 물질로 만들어진 옷은 분해 과정에서 부서져 미세플라스틱을 만들고, 세탁할 때는 더 많은 미세플라스틱이 배출된다. 옷을 세탁하면서 매년 50여만 톤의 미세플라스틱이 바다로 흘러 들어가는데, 이는 생수병 500억 개와 맞먹는 양이다. 2017년 한 해 동안 바다로 흘러 들어간 미세플라스틱의 35퍼센트는 합성섬유의 세탁에서 나왔다. 바다로 흘러간 미세플라스틱은 먹이사슬을 통해 생태계에 축적되고 최종적으로는 어패류를 통해 사람의 몸속으로 들어온다.

경제복합성관측소(OEC)에 따르면, 한국은 세계 5위의 헌 옷 수출국이다. 관세청 수출입무역통계에 따르면 2022년 한국이 개발도상국에 수출한 중고 의류는 약 30만 톤에 이르는데, 이 중에서 많은 양이 쓰레기로 버려졌다. 패스트 패션은 어마어마한 물 소비, 환경오염, 그리고 탄소 배출로 인한 지구온난화를 부추긴다.

남들에게는 단지 옷 한 벌이지만

패스트 패션이 만연한 사회에서 패스트 패션 제품을 선택하지 않기는 쉽지 않다. 그래서 나는 반대로 슬로우 패션(slow fashion)에 도전했다. 첫 번째는 얼룩지거나 지겨워 자주 입지 않는 의류를 새활용 또는 업사이클링하기 위해 옷을 염색하고 입어보기다. 두 번째는 중고품을 사고파는 빈티지 숍을 이용하는 방법이다.

먼저, 염색제는 의상학과에서 염색 실습을 할 때 자주 사용한다는 DYLON을 사용했다. 셔츠와 티셔츠, 에코백 등을 원하는 색으로 염색하는 과정에서 사용하는 물은 한 벌당 약 2~3리터 정도 필요하다. 패션산업계에서 옷을 생산하기 위해 사용하는 물의 양이 새로운 환경문제로 떠오르고 있다. 2018년 유엔유럽경제위원회(UNECE)의 발표에 따르면 패션산업에 드는 물의 양은 전체 산업계가 사용하는 양의 약 20퍼센트까지 이른다. 목화밭에 물을 주고, 농약을 뿌리고, 면화를 뽑아내어 염색하는 등 가공하는 모든 과정에 많은 물이 사용된다. 면으로 된 셔츠 한 벌을 만들기까지 들어가는 물의 양은 2,700리터 정도다. 염료를 분해하는 데 필요한 물의 양에 비하면 새로 염색하는 과정에서 드는 물은 훨씬 적게 든다.

아울러 빈티지 숍을 방문해 옷을 구매하기 전에 인스타그램으로 매장의 활동을 들여다본 뒤 직접 찾아가 옷을 살펴보았다. 옷의 크기가 하나밖에 없는 빈티지 제품의 특성상 입어봐야 확실한 치수를 알 수 있기 때문이다.

패스트 대신 슬로우 라이프

내가 한 학기 동안 산 옷은 빈티지 원피스 한 벌에 불과했다. 계절이 바뀔 때마다 상의, 하의, 겉옷에 신발까지 유행에 맞게 찾던 이전과 비교하면 금전적으로 훨씬 절약했다. 이외에도 색깔이 마음에 들지 않거나 질린 옷을 마음에 드는 색으로 염색해 입으면서 의류 쓰레기 발생도 줄일 수 있었다.

슬로우 패션을 지향하면서 요즘 같은 과잉 생산-소비 시대에 '무엇인가를 하는 활동' 보다 '무엇인가를 하지 않는 방법을 생각' 하고 행동으로 옮기는 것이 더 의미 있는 친환경 실천이라는 사실을 깨달았다. 10년 전과 비교해도 제품을 온라인으로 구매하고, 집으로 배송되는 시간이 매우 짧아졌고, 구매 과정은 점점 더 쉬워지고 있다. 심지어 결제 버튼을 누르고 지문 혹은 얼굴 인식만 하면 몇 초 안에 구매하는 시대에 내가 할 수 있는 일은 소비자의 책임을 실천하는 것이다.

심각한 환경문제를 일으키는 패스트 패션을 멀리하기란 쉽지 않아 보인다. 이제는 패스트 패션을 넘어 울트라 패스트 패션이 새로운 유행이다. 울트라 패스트 패션 브랜드는 생산에서 공급에 이르는 과정을 1~2주로 줄이고, 온라인을 기반 사업으로 가격 경쟁력을 가지고 있다. 기존 패스트 패션의 거대한 오프라인 매장에 진열을 빠르게 바꾸고 소비를 부추기는 방식은 오프라인 소비가 줄어든 현재 소비문화에 적합하지 않기 때문이다.

모바일 쇼핑 앱을 기반으로 온라인 판매를 늘리는 이 브랜드들은 순식간에 옷을 만들어 홍보하고 판매한 뒤 새로운 유행에 맞춰 기존 재고를 버리고 다시 옷을 생산한다. 이런 생산 방식이 주류 트렌드로 자리를 잡는다면 한 해에 또 얼마나 많은 옷이 쓰레기로 버려질까? 새로운 시즌에 유행하는 옷들은 매력적이고 서둘러 사고 싶을 만큼 저렴하다. 그만큼 우리 곁의 쓰레기는 더 깊고 높이 쌓여 가고 있다. 유행을 좇지 않고 나의 스타일에 맞는 옷을 구비하는 것은 무엇을 만들기보다는 줄이기에 가까운 실천이다.

빈티지 의류를 또 다른 말로 세컨드 핸드(second hand) 의류 또는 중고 의류라고 부른다. 예전보다 옷의 생명주기가 짧아지는 요즘, 빈티지라고 보기에는 동시대의 옷이 많다. 소비자에 의해 두 번째로 선택된 세컨드 핸드 옷이라고 부르는 편이 낡은 옷이라는 이미지를 탈피할 수 있는 단어이지 않을까.

환경을 위해 반드시 멋스러움을 포기할 필요는 없다. 옷을 자주 바꾼다고 멋있기만 하지도 않고, 오래 입는다고 멋이 없지도 않다. 나에게 맞고 내 마음에 드는 패션을 포기하지 않으면서도 지구를 지키는 패션 센스를 발휘해보면 어떨까.

플라스틱으로 만든
에코 유니폼

조직적으로 생각하고 개인적으로 행동할 때

지구가 탄생한 이래 기온이 끊임없이 변해왔고, 이전보다 기
후가 온난했던 시기는 수없이 많았다. 문제는 인간의 활동에
따라 19세기 후반부터 관측되고 있는 가파른 지구온난화 경향
이다. 인구 증가와 무분별한 경제성장에 따른 공업화와 도시화
는 지구의 자원 고갈과 지구온난화와 같은 심각한 환경문제를
일으켰다.

환경문제가 심각해져 인류의 생존을 위협할 수준에 도달하자
세계 각국은 이를 해결하기 위해 노력해왔다. '국제적이며 조

직적으로 생각하고, 지역적이며 개인적으로 행동하라' 라는 말이 강조되는 세상이다. 개인적인 실천과 조그마한 행동이 모여 환경을 보호하고 지구를 살릴 수 있다. 평소에는 이 문구와는 정반대로 '지역적으로 생각하고, 세계적으로 욕망하라' 와 같이 행동하며 환경보호에 무심했던 나 자신을 되돌아보며, 환경보호를 위해 나만이 할 수 있는 친환경 실천 활동을 정했다.

카페에서 아르바이트하고 있는 나는 카페에서 근무할 때 발생할 수 있는 에너지 낭비, 이산화탄소 배출을 최소화하는 데 초점을 맞추었다. 특히 플라스틱 컵을 모아 옷을 제작하는 활동을 소개하고자 한다.

버려지는 플라스틱 컵으로 옷을 만들자

경제가 발전하고 삶이 윤택해짐에 따라 생활에 편리하다는 이유로 일회용품이 무분별하게 사용되고 있다. 특히 최근 급증한 커피 소비량은 일회용품의 문제를 더욱 부추기고 있다. 국내 테이크아웃 커피 전문점의 발전과 커피 문화가 빠르게 퍼져 어느덧 우리의 일상이 되었다. 음료를 테이크아웃할 때 사용되는 일회용 컵은 일상에서 재활용되지 못하고 무분별하게 버려져 사회와 경제, 환경 측면으로 큰 문제다. 매년 일회용 컵 사용량은 증가하는 반면 일회용 컵 회수율은 줄어들고 있다. 특히 음료용 페트병의 경우 해마다 5천억 개가 생산되지만 재활용되는 비율은 9퍼센트 정도밖에 되지 않는다.

다행히도 플라스틱 컵, 페트병은 소재 자체가 의류산업에 많이 쓰이는 합성섬유 폴리에스터와 같고 열가소성이 있어 가공하기 쉽다. 이 때문에 나는 평소에 플라스틱으로 제작된 옷을 자주 즐겨 입을 뿐만 아니라 비건 가죽과 재활용 플라스틱병을 이용해 가방이나 액세서리를 제작하는 'JW PEI' 브랜드의 가방을 여러 개 소지하고 있다. 지속 가능한 친환경 의류를 만드는 일에도 오랫동안 관심이 있었다. 그래서 일회용 테이크아웃 컵을 재사용해 아르바이트 유니폼을 제작하면 어떨지 카페 대표님과 상의해보았다. 내친김에 여름철에 아르바이트생들이 착용할 유니폼을 제작하기를 최종 목표로 두 달 동안 유니폼 제작을 위한 플라스틱 컵 모으기를 실천했다.

무분별하게 버려지고 낭비되는 일회용 테이크아웃 컵의 문제를 해결하는 방안을 '업사이클링'을 통해 찾을 수 있었다. 단순히 재활용되거나 제대로 수거되지 못한 채 버려지는 일회용 컵을 개인의 작은 업사이클링 실천을 통해 다양한 방법으로 새롭게 사용한다면 어떨까? 무분별하게 버려지는 컵의 낭비를 줄이고, 누구나 참여할 수 있는 업사이클링 문화의 확산, 더 나아가 지속 가능한 디자인을 실현할 수 있는 길이 있다고 생각한다.

기존 제품에 새로운 가치를 더하다

2021년 플라스틱 생산량은 1950년보다 약 260배나 증가하여 널리 쓰이고 있다. 세계적으로 버려지는 플라스틱 중 단 9퍼센트가 재활용될 뿐, 나머지는 일반쓰레기와 마찬가지로 소각되거나 매립된다. 우리나라의 전체 플라스틱 폐기물 중 일회용 플라스틱이 절반 가까이(46.5%) 차지한다. 플라스틱 중에서도 일회용 플라스틱은 대체가 가능한 포장재나 용기가 대부분을 차지한다. 우리나라의 플라스틱 재활용률은 27퍼센트다. 우리가 일상에서 편리함을 추구하는 동안 오염되는 지구를 구할 방법은 무엇일까?

리사이클링(recycling)은 자원을 절약하고 환경오염을 방지하기 위해 불용품이나 폐물을 재생해 이용하는 행위를 의미한다. 리사이클링은 커피 찌꺼기를 방향제, 탈취제로 재사용하는 것처럼 자원 본래의 모습을 크게 바꾸지 않으면서도 다시 사용하는 것이 특징이다. 반면에 업사이클링(up cycling)은 업그레이드와 리사이클링의 합성어로, 기존 제품에 디자인과 활용도를 더해 가치를 높여 새로운 제품으로 재탄생시키는 것을 의미하며 '새활용'이라고도 한다. 생활 속에서 버려지거나 쓸모가 없어진 물건을 수선해 재사용하는 리사이클링의 상위 개념으로, 기존에 버려지던 제품을 단순히 재활용하는 차원에서 나아가 새로운 가치를 더해 전혀 다른 제품으로 다시 생산한다. 예를 들어 재활용 의류 등을 이용해 새로운 옷이나 가방을 만들거나 버려진 현수막을 재활용해 장바구니를 만들기가 이에 해당한다.

최근 그린 디자인, 에코 디자인과 같은 지속 가능 디자인이 그 해결책으로 주목받고 있다. 그중 업사이클링 디자인은 기존 친환경 디자인의 한계를 벗어난 새로운 가치 창출과 고부가가치 산업으로 인정받아 새로운 트렌드로 자리 잡고 있다. 최근 국내에도 업사이클링 트렌드와 소비시장이 형성되고 있으며, 업사이클링 기업들 또한 조금씩 생겨나고 있다. 그중 나와 함께 유니폼을 제작할 브랜드는 몽세누다. 참고로 현재 나를 포함한 아르바이트생들이 착용하는 동계 유니폼도 이곳에서 제작했다.

몽세누는 지구환경을 보호하고 지속 가능한 발전을 위해 재생, 천연 소재를 활용해 의류를 제작하는 패션 브랜드다. 패션을 넘어 환경, 인간다운 삶, 사회적 이슈를 담는 시대적인 메시지를 추구하고 지향한다. 몽세누는 패션 사업을 통한 플라스틱 등의 폐기물 재활용, 지구환경을 개선하는 지속 가능한 소비 확산, 미학적 가치와 사회 환경적 가치가 같은 방향이 되고자 하는 영원한 우아함을 추구하는 패션 브랜드다. 이 회사의 목표는 지속 가능한 패션 제품을 제작해 소비자, 산업 생태계 그리고 지구환경에 긍정적인 영향을 주는 것이다.

버려진 플라스틱 컵이 옷으로 완성되기까지 어떤 과정을 거칠까? 수거한 플라스틱 컵을 종류별로 선별해 라벨과 뚜껑을 분리한 후 세척한다. 세척된 플라스틱 컵은 플레이크라는 작은 조각 형태로 분쇄하고, 이를 폴리에스터 칩인 팰릿(pellet) 형태로 가공해 재생 재료를 만든다. 이 팰릿에서 리사이클 폴리에스터 원사(실)를 추출하고, 이 실을 사용해 원단을 짠 다음 원단에 디자인을 적용해 옷을 만든다.

몽세누는 제품 특성에 따라 리사이클 폴리에스터 원사의 혼합 비율을 달리한다. 적게는 20퍼센트에서 많게는 100퍼센트까지 리사이클 원사가 들어간다. 결론적으로 셔츠 한 장을 만드는 데 500밀리리터짜리 페트병 25~35개가 쓰인다. 몽세누가 2020년 한 해 동안 재활용한 페트병은 500밀리리터를 기준으로 약 90만 개에 이른다고 한다.

지구를 살리는 실천, 플라스틱 재활용

나는 카페에서 버려지는 플라스틱 컵들을 씻고 모아 몽세누에 전달하는 과정인 첫 번째 단계를 실천했다. 이번 환경보호 프로젝트에서 가장 중요한 사항은 '꾸준한 실천'이다. 두 달 동안 근무하면서 하루에 약 100컵 이상을 모았다. 이물질이 많이 묻은 컵들은 재사용하기 어려워 최대한 깨끗하게 세척하는 것이 중요했다. 일회용 컵에 붙어 있는 라벨지는 쉽게 뗐다 붙일 수 있는 테이프로 제작되어 제거하기 쉬웠다.

두 달 동안 꾸준한 실천을 통해 결론적으로 천 개 이상의 플라스틱 컵을 모을 수 있었다. 이렇게 모인 플라스틱 컵들은 아르바이트생들의 하계 유니폼으로 제작하고, 나머지 컵들은 업사이클링 전시회 작품용으로 사용되어 다른 곳으로 전달할 예정이다. 제작하는 데 오랜 시간이 소요되기에 두 달쯤 뒤에 제작을 완성하려 한다.

지속 가능한 환경을 위해 앞으로 폐기물 리사이클 소재와 원단을 개발하고 지속 가능한 소재를 발굴해야 하는 모두의 노력이 절실하다. 지속 가능한 소재와 제품을 끊임없이 개발하고, 유통하며, 이를 확산시켜야 브랜드를 전개할 수 있다. 아울러 지속 가능한 소비, 친환경적 소비문화를 확산하기 위해 관련 행사를 지속해서 진행하고 타 업체와의 협업도 절실하다.

지구환경을 개선하기 위한 지속 가능한 라이프 스타일을 실행하고, 널리 알리며, 이를 반복해서 확립하고, 그리고 우리 모두 각자의 자리에서 이를 실천하고 계속 지키는 일이 지구를 살리는 사소하지만 결정적인 방법의 하나라고 생각한다.

재활용품이
미술작품으로

 내가 다니는 대학교 미술대학은 산 중턱에 자리 잡고 있고, 미술대학 바로 옆에 야외조각장과 쓰레기처리장이 있다. 아이러니하게도 나무들이 우거진 숲과 자연을 파괴하는 쓰레기장이 공존하고 있는 셈이다. 조화로움에 대한 가치를 배우는 예술을 전공하지만 정작 이런 부조화에는 크게 신경을 쓰지 못했고 별다른 생각이 없었다.

 더구나 미술의 전공 특성상 쓰레기를 자주 배출했다. 입체 조형물을 제작하고 설치하는데, 이 입체 조형물을 만들기 위해 여러 번 연습해야 하지만 작품을 보관할 장소가 없다. 그렇기에 연습이 끝나고 남은 재료와 전시회가 끝나고 남은 조형물은 쓰레기 소각장으로 간다.

이런 중에 프랑스의 조각가 파울로 그랑종(Paulo Grangeon)과 우리나라의 지용호 작가를 알게 되었다. 파울로 그랑종은 재활용 종이로 멸종위기 동물 판다 1,600마리를 제작해 전 세계를 돌며 1600+ 판다 전시를 열었다. 2015년 서울 잠실 석촌호수에서도 전시했고, 좋은 반응을 받았다. 지용호 작가는 폐타이어를 이용해 여러 인상적인 조각품을 만들었고, 국내뿐만 아니라 해외에도 여러 전시회를 개최하며 이름을 알렸다. 예술가가 환경보호를 예술로 승화시키는 모습을 보면서 여러 사람이 이런 예술 활동에 동참하면 좋겠다고 생각했다.

어떤 물건을 작품 소재로 할지부터 생각했고, 고민 끝에 코카콜라 캔으로 정했다. 코카콜라사에 취업하고 싶어하는 친한 동기에게서 아이디어를 얻었다. 더구나 코카콜라는 전 세계적으로 유명하고 재료도 모으기 쉽다. 전 세계적으로 인기 있으니 당연히 쓰레기도 많이 배출된다. 이런 점을 고려해 코카콜라 캔이 좋은 소재라고 생각했다.

그 후 대학 건물 복도에 코카콜라 캔을 모은다는 글을 붙였다. 주변 학우들이 코카콜라를 마시는 모습을 보면 버리지 말고 코카콜라 캔 수거함에 넣어달라고 부탁했다. 대학교 매점,

학교 주변의 음식점, 술집, 편의점에 양해를 구해 코카콜라 캔을 모았다.

처음에는 졸업 작품을 코카콜라 캔을 재활용해 만들려고 했지만, 주변 사람들이 다른 재료를 사용하라고 해서 재활용품으로 졸업 작품을 만들지는 못했다. 하지만 졸업 작품을 연습할 때 코카콜라 캔을 이용했다. 코카콜라 캔을 오리고 서로 붙여 보면서 여러 모형을 만들 수 있었다.

일회성에 그치지 않고 향후 작품 활동을 할 때도 재활용품을 사용하기 위해 앞의 두 예술가 말고 또 어떤 작품이 있는지 찾아보니 종류가 다양했다. 그중 세 명만 소개하면, 우선 베네수엘라의 오스카 올리바레스는 플라스틱 병뚜껑 쓰레기로 벽화를 만든다. 스페인 출신의 홀리오 아나야 카반딩그는 신문지와 나무판자, 이면지 같은 폐종이에 명화를 그린다. 미국의 브라이언 모크는 숟가락, 포크, 자동차나 자전거의 고철 부품 등을 이용해 조각상을 만든다. 이들 말고도 재활용품으로 예술작품을 만드는 여러 예술가가 있다.

졸업 작품을 재활용품으로 완성하지 못해 아쉬웠지만, 재활용품으로 연습해서 쓰레기를 줄였던 경험만으로도 충분히 환경에 도움이 되었다고 생각한다. 만약 재활용품으로 미술작품을 만드는 일이 많아져 경험과 노하우가 쌓인다면, 대학에서뿐만 아니라 환경 감수성을 키우기에 중요한 시기인 중·고등학생 때도 미술 시간 재료로 재활용품을 사용하는 실기시험을 보는 것도 좋은 아이디어다.

모두를 위한 나의 시작

　예상하지 못했던 코로나19로 일회용기의 사용이 폭발적으로 늘었다. 빠르게 퍼지는 바이러스가 다회용기로 인해 더욱 빠르게 확산하리라 염려한 정부가 다회용기 위생 문제를 해결하기 위해 일회용품 사용 규제를 완화했기 때문이다. 커피 전문점 실내에서 취식할 때 다회용 컵 사용이 필수였으나 감염을 막기 위해 일회용 플라스틱 컵 사용을 허가하는 정책이 예시이다. 코로나19가 확산해 비대면 쇼핑으로 배달 상자 이동량이 증가했고, 이에 따라 종이의 하루 배출량이 큰 폭으로 늘었다. 나아가 종이, 비닐, 플라스틱 등 대부분의 재활용 폐기물이 증가했음을 확인할 수 있다.

이런 상황에 환경 보전단체 그린피스는 정기 후원자인 연예인의 SNS 계정을 통해 일회용품 사용의 자제를 권고하기 위한 '용기내 챌린지' 활동을 진행했다. '용기내 챌린지'에 힘입어 사람들은 환경보전을 위한 다양한 활동 중 특히 채식, 리필 스테이션이 있는 제로 웨이스트 숍, 친환경 상품 등에 집중했다. 이를 통해 환경보전을 위한 개인적인 활동을 시도하고, 개인적인 환경보전 실천이 성공적인 환경보전 방식이라고 인식하게 되었다.

정부와 기업의 노력에 따라 이루어지던 환경보전이 개인 차원의 노력으로 변모하면서 소비자들은 환경보전 제품을 지향했고, 기업들은 이에 발맞춰 제품들을 바꾸고 있다. 예를 들어 국내의 한 생수 제조 기업은 비닐 라벨이 없는 새로운 용기를 제시해 '2020년 굿 디자인상'을 수상했고, 전 세계에 입점한 코카콜라는 플라스틱 용기를 액체에 쉽게 변하지 않는 새로운 형태의 종이 포장으로 교체하기 위한 기술에 적극적으로 투자하고 있다.

정부의 일회용기 규제 완화로 폐기물이 증가하자 쓰레기를 만들어내는 개개인이 개인 차원에서 환경보전을 실천했으며, 기업과 정부도 환경보전을 지향하고, 이는 사람들의 행동 적절성을 판단하기 위한 지표로 자리 잡았다.

불편을 감수할수록 행복해지는 삶

'제로 웨이스트(zero waste)'는 말 그대로 쓰레기가 나오지 않게 하는 행위를 의미하지만, 일상생활 속의 쓰레기가 나오지 않게 하기는 불가능해, 쓰레기가 나오는 생활 행위를 최소화하는 행동을 뜻한다. 2000년대 초 미세플라스틱 문제, 기후변화로 인한 환경문제의 심각성이 대두되면서 제로 웨이스트 개념이 등장했다. 썩지 않는 플라스틱은 바다에 버려져 해양생태계를 파괴하고, 플라스틱 빨대가 거북이의 코에 박히거나, 죽은 고래의 배에서 수많은 플라스틱 조각이 나오는 등 환경문제는 계속 제기되었다.

이에 대응하는 환경보전은 관련 단체나 정부 차원에서 주로 행해졌다. 카페 내 일회용 컵 사용 금지, 유상 비닐봉지, 마트에서 종이상자와 테이프 제공 중단 등을 통해 환경보전을 위한 노력은 제도적인 차원에서 주로 이루어졌다. 그러나 점차 개개인의 쓰레기 배출량이 증가하면서 개인 차원에서 환경을 보호하는 방법도 필요하다는 시민들의 요구가 생겨났다.

제로 웨이스트 목표를 확장해 일상생활 속에서 필수적이지만 친환경 제품으로 교체할 수 있음을 인지하면서 해당 제품을 판매하는 '제로 웨이스트 숍'이 생겨났다. 대표적인 예로, 제로 웨이스트 숍 '알맹상점'의 경우 리필 스테이션으로 널리 알려져 있다. 이곳은 사용한 용기를 재활용해 필요한 '알맹이'만 구매해 용기로 사용되는 플라스틱 쓰레기를 줄이기 위해 제로 웨이스트를 실천한다.

2021년 2월 11일, 대통령은 국민과 영상통화를 하면서 '용기내 챌린지'에 참여한 경험을 언급하는 등 점차 환경보전을 일상생활 속에서 실천하는 제로 웨이스트를 지향하는 사회적인 변화를 실감할 수 있고, 조금 불편하지만, 환경을 보전하기 위해 개인적으로 불편을 감수하며 행동하는 모습은 제로 웨이스트에 다가가는 한 걸음이 되어가고 있다.

일회용품 사용 증가를 해결하기 위한 개인 단위의 환경보전 방법의 하나로 나는 제로 웨이스트 숍을 방문하고 이곳을 적극적으로 홍보했다. 아울러 제로 웨이스트 숍을 통해 개인적으로 환경보전을 실천하는 장단점을 분석하고, 제로 웨이스트 숍에서 판매하는 제품을 제로 웨이스트 목적에 따라 사용해 환경보전 활동을 실천하고 제품에 대한 평가를 널리 홍보할 계획을 세웠다.

나는 제로 웨이스트를 실천하기 위해 알맹상점을 통해 일상생활 속에서 환경보전을 실천할 수 있는 세 가지를 설정했다. 첫째, 아르바이트하는 동안 발생한 우유팩과 집에서 마시는 생수통의 뚜껑을 모아 알맹상점에 전달하기. 둘째, 알맹상점을 주기적으로 방문하기. 그리고 마지막은 알맹상점에서 구입한 제품을 직접 사용해보고 어떤 장단점이 있는지 생각해 홍보하기다.

버리는 우유팩과 플라스틱 뚜껑을 모으면

먼저, 아르바이트하는 동안 발생한 우유곽 및 생수통 플라스틱 뚜껑 모으기는 알맹상점에서 수거하는 우유곽과 플라스틱 뚜껑을 전달하기 위해 최대한 많이 수거하는 것을 목표로 했다. 아르바이트하는 주말 오전 동안 사용한 우유곽을 꾸준히 모아 총 61개의 팩을 수거했다. 생수 뚜껑은 집에 사다 놓은 생수를 마신 뒤 뚜껑은 분리해 가족 모두 참여해서 수거하도록 했고, 아르바이트하며 사용한 플라스틱 음료의 뚜껑 또한 함께 모아 총 37개를 수집했다. 생수 뚜껑의 경우 매번 측정하기 어려워 달력에 따로 표시하지 않았다.

우유곽은 우유를 담기 위해 고급 펄프를 사용한다. 하지만 우유곽은 코팅해 포장되기 때문에 재활용되지 않는 물품 중 하나다. 알맹상점에서는 이를 수거해 휴지로 만드는 공장에 건네 재활용될 수 있도록 한다. 우유곽 20개는 휴지 한 개로 변환되어 수거한 우유곽 중 약 70퍼센트가 사용되는 점으로 보아, 일반적으로 재활용되지 않던 우유곽을 오히려 순환할 수 있도록 해주는 창구가 되었다. 게다가 이런 방식으로 만들어진 휴지는 표백제, 화학약품이 들어가지 않아 민감한 사람들이 사용하기에도 적합하다고 할 수 있다.

플라스틱 뚜껑의 경우 수거를 통해 치약짜개, 비누받침 등으로 재생산된다. 플라스틱 뚜껑을 쪼개 미세하게 만든 다음 제작 공정을 통해 새로운 물건으로 재탄생된다. 본래 페트병 뚜껑은 재활용되지 않는 단단한 플라스틱으로 이루어져 있어 분리해서 배출해야 한다. 하지만 알맹상점은 이를 수거해 새로운 물건으로 재활용해 자원 순환에 앞장섬으로써 개인과 기업 사이의 연결통로가 되었다. 더 나아가 이렇게 재탄생한 제품을 해당 상점에서 판매함으로써 자원 순환의 작은 창구 역할도 하고 있다.

낯설었지만 찾을수록 기분 좋은

2020년 6월 15일에 오픈한 알맹상점은 서울시 마포구 망원역에서 가깝고 망원시장을 끼고 있어 제로 웨이스트를 지향하는 지역 구조에 힘입어 성공할 수 있었다고 평가받는다. SNS 계정을 운영해 입고된 새로운 물건 또는 다양한 환경보전을 위한 팝업을 홍보하고 있으며, 이를 통해 제로 웨이스트에 대한 기초적인 지식을 쌓을 수 있었다.

2주 동안 수집한 우유곽과 뚜껑 그리고 리필 스테이션에 사용할 빈 용기를 챙겨 알맹상점을 방문했다. 이곳에서는 알맹이만 구매할 수 있는 커다란 펌프들과 친환경적 방식으로 만들어진 물품, 환경보전을 실천하는 다양한 물품을 볼 수 있다.

알맹상점을 처음 방문했을 당시 이용하는 방법을 몰라 여쭤

보니 가져간 우유곽과 뚜껑은 무게를 달아 알맹상점 마일리지 쿠폰에 최대 4개의 도장을 받을 수 있고, 리필 스테이션 제품은 필요한 만큼 용기에 덜어 물품을 구매할 수 있다. 2주 동안 수거한 우유곽과 뚜껑은 도장 4개를 받고, 해당 기간 세 번 방문해 총 12개의 도장을 다 모으면 플라스틱 뚜껑을 재활용해 만든 치약짜개를 건네준다.

리필 스테이션의 사용 방법이 특이했는데, 용기의 무게를 영점으로 맞추고, 해당 용기에 알맹이를 담아 알맹이의 무게만 측정한다. 해당 제품의 품목과 무게를 적어 카운터에서 계산하는 방식으로 구매할 수 있다. 이런 식으로 리필 스테이션에서 판매하는 제품들 대부분은 화장품과 세제류로, 화장품의 경우 모든 제품이 동물실험을 하지 않은 제품만 비치해 놓았고, 각 제품의 성분은 제공되는 책자에 적혀 있는 등 상당히 꼼꼼하면서 세심하게 판매하고 있음을 확인할 수 있었다.

첫 번째 방문 당시 비누받침, 보습크림, 클렌징 오일, 설거지 워싱바, 수세미를 샀다. 두 번째 방문 때는 샴푸바, 거품망, 바디로션, 종이테이프, 팝업으로 판매하는 맥주박 그래놀라, 견과류를 구매했다. 세 번째 때는 휴대용 손 세정제, 토너, 나무 칫솔, 고체 치약, 규조토 칫솔 거치대, 스테인리스 차 거름망을 구입했다. 구입한 제품들은 직접 사용해보았고, 각 제품이 가진 특징을 알 수 있었다. 이후 제로 웨이스트를 처음 시도하고자 하는 주변 지인들에게 각 제품의 장단점과 후기를 SNS에 작성했다. 해당 제품들은 현재까지 사용하고 있고, 다음 방문 때는 보습크림, 클렌징 오일, 토너, 수세미 그리고 비건 음식들을 고를 예정이다.

제로 웨이스트 제품 사용 후기

구매해 직접 사용한 물건들은 주방용품, 욕실용품, 기타로 분류해 각 물건을 나누어 상품평을 작성했다. 적어도 다섯 번 이상 직접 사용한 물건을 대상으로 작성했고, 개인적인 상품평과 해당 제품의 개인적으로 느낀 장단점을 서술해 개인 SNS를 통해 홍보했다. 각 제품은 편의성, 경제성, 환경 친화성으로 나누어 부문별 5점씩 점수를 매겼고, 총점수는 별 다섯 개에 만점으로 평가했으며, 평가에 대한 이유도 같이 작성해 제품을 처음 보는 사람들이 이해할 수 있게 작성했다.

	제품	편의성	경제성	환경 친화성	별점
주방용품	동구밭 설거지 워싱바	4	4.5	5	★★★ (3)
	루팝나무 수세미	2	3	4	★★★★ (4)
욕실용품	비누받침	4	3	5	★★★☆ (3.5)
	기초화장품	2.5	4.5	3.5	★★★☆ (3.5)
	구강 제품	3	2	2.5	★★☆ (2.5)
	헤어 제품	4	3	5	★★★★ (4)
기타	휴대용 손 세정제	5	4	4.5	★★★★☆ (4.5)
	스텐 차 거름망	4	3	5	★★★★ (4)

　주방용품 중 동구밭 설거지 워싱바는 종이에 포장되어 제공되는 설거지 워싱바로 고체 비누 형태다. 포장재로 쓰이는 비닐을 사용하지 않았고, 계면활성제가 포함되지 않고, 인공 방부제나 인공 경화제를 사용하지 않아 수질오염을 막고, 사용자에게도 자극적인 성분이 없어 환경을 보호하고 인간 친화적인 제품이라 할 수 있다. 게다가 이를 제조하는 '동구밭'은 발달장애인의 지속 가능한 자립을 돕는 사회적기업이라는 요소 또한 이 제품의 긍정적인 요소다.

　하지만 비누 형태의 제품은 수분이 많은 곳에 두면 계속 녹고 비누받침이 필요하다는 단점이 있었다. 가족들에게 해당 제품에 대한 의견을 물어보니 화학성분이 좋아 기름 제거뿐만 아니라 간단한 설거지에도 사용하기 편리했다고 답했다. 장점이 두드러지게 많고 사용자 모두에게 사용의 불편함보다 화학성분이 좋다는 점이 크게 작용해 해당 제품의 별점은 4.5점으로 매겼다.

수세미는 여성 손바닥 정도의 크기이고 압축되어 있어 일반적인 수세미 크기보다 작다는 점에서 불편했다. 그리고 나무를 말려 만들어진 수세미이다 보니 계속 물에 닿으면 불어 세척 능력이 플라스틱 수세미보다 빠르게 감소해 자주 바꾸어 주어야 하는 단점이 있었다. 친환경적인 소재만을 이용해 만들어져 좋았으나 편의성이 떨어져 해당 제품의 별점은 3점으로 매겼다.

욕실용품 중 비누받침은 기존의 플라스틱 비누받침의 물 빠짐이 좋지 않아 수세미와 같은 종류의 나무로 만들어진 비누받침을 이용했다. 모양은 연근과 비슷하게 큰 구멍과 작은 구멍이 많이 있어 물 빠짐에 대한 만족도가 컸다. 하지만 비누를 점차 사용하면서 크기가 작아지자 큰 구멍 사이로 비누가 끼는 상황이 나타났다. 빼면 되지만 약간의 번거로움이 있었다. 비누받침의 역할인 물 빠짐은 좋았으나 구멍이 일반적인 비누받침보다 커 사용이 불편했다. 이 때문에 해당 제품의 별점은 4

점으로 매겼다.

알맹상점에서 가장 많이 고른 제품은 기초화장품이었다. 각 기초화장품을 방문하기 전 다 사용하고 필요한 경우 구매했고, 알맹상점에서 판매되는 기초화장품의 종류가 다양해 원하는 제품을 선택해 구입할 수 있었다. 각 기초화장품의 가격은 다음과 같이 책정되어 있었고, 가져간 용기에 담아 그램 수에 해당하는 가격을 지불했다.

제품(회사명)	1그램당 가격(원)	구매한 무게(그램)	제품 구입 가격(원)
수분 크림(팜앤코)	180	60	10,800
토너(파밀리아랩)	70	70	4,900
클렌징 오일(아로마티카)	100	110	11,000
바디로션(티오피라)	15	155	2,325

클렌징 오일, 보습크림의 가격이 생각보다 많이 나갔으나 이를 제외한 다른 제품의 가격은 낮았기 때문에 가격은 만족스러웠다. 하지만 직접 사용해보니 기성품으로 판매하는 기초화장품들에 비해 다른 사용감이 느껴져 적응할 시간이 필요했다. 처음 구매하는 사람들에게 성분 및 설명이 적혀 있는 책자를

제공하고 있고 저렴하게 구입할 수 있지만, 용기를 직접 챙겨야 하고 적응할 시간이 필요하다는 점에서 기초화장품 부문에서의 별점은 3.5점으로 매겼다.

마침 칫솔 교체 시기에 맞물려 처음 대나무 칫솔을 구매했다. 따로 칫솔 거치대가 없어 자주 교체할 필요성이 없는 규조토 칫솔 거치대와 함께 고체 치약도 추가했다. 고체 치약은 집에서보다는 밖에서 양치해야 하는 상황에 효율적이었고, 따로 짜는 과정이 필요 없이 입에 넣고 씹으면 되기 때문에 양치질이 간편했다. 하지만 기존에 사용하던 칫솔이 기능성 칫솔이다 보니 대나무 칫솔은 이에 통증을 유발해 사용하기가 어려웠다. 적응할 시간이 필요하다고 생각해 2주간 대나무 칫솔을 이용했으나 통증을 참을 수 없어 본래 쓰던 기능성 칫솔로 돌아갈 수밖에 없었다.

대나무 칫솔을 이용하는 사람들의 후기를 봐도 이런 경우가 없어 원인을 찾지 못했기 때문에, 해당 제품을 평가하기는 어렵다고 생각해 별점에 대나무 칫솔에 대한 점은 제외하고 매겼다. 고체 치약의 편리성에 대한 긍정적인 평가와 평범한 규조토 칫솔 거치대에 따라 해당 구강 제품에 대한 별점은 3점으로 매겼다.

헤어 제품의 경우 샴푸는 액체 형태만 가능하다고 생각했지만, 알맹상점에서 판매하는 샴푸는 고체와 액체 형태가 있었다. 샴푸를 다 써 필요한 때 고체 샴푸에 대한 흥미로 구매했다. 고체이다 보니 거품을 내기 어렵다는 평을 보고 삼베 거품망도 구매 품목에 넣었다. 고체 샴푸바는 기능은 다양하지 않았지만, 설거지 워싱바와 유사하게 성분이 좋아 긍정적인 인식을 심어주었고 거품망을 사용하자 거품도 잘 나고 쉽게 무르지 않았다. 비건 샴푸 특유의 머리카락을 뻣뻣하게 하는 점은 불편하기는 했지만, 컨디셔너의 도움으로 크게 문제가 되지 않았다. 샴푸바 자체는 이용하기 불편하지만, 거품망과 같이 사용하면 편의성이 높아지기 때문에 헤어 제품의 별점은 4점으로 매겼다.

외부에서 실내로 들어와서 손을 소독하고 싶지만 이동하기 어려운 경우 휴대해 사용할 수 있는 세정제가 필요했다. 이에 종이 포장재 안에 68퍼센트 곡물 알코올로 이루어진 손 소독제가 들어 있는 제품을 구입했다. 라벨도 종이로 되어 있고 접착제도 최소한으로 제작하는 등 친환경적인 포장도 세심했다. 젤타입으로 빠르게 말라 사용 시 불편하지 않고 휴대용으로 사용하기에 적당한 크기여서 해당 제품의 별점은 4.5점을 매겼다.

집에서 차를 우려 만들어 마시는 부모님을 위해 스테인리스로 된 차 거름망을 사 드렸다. 나무로 된 거름망도 있었고 천으로 된 거름망도 있었으나 쉽게 세척하고 오래 사용할 수 있는 스테인리스로 된 거름망을 선택했다. 작은 구멍이 많아 차를 우려내기 데 쉬웠고, 찻잎을 넣는 공간이 길어 뜨거운 물을 넣을 때 많이 넣어도 넘치지 않아 사용하기가 편리했다. 녹이 슬지 않고 세척하기 쉬운 스테인리스로 된 거름망의 편의성에 따라 해당 제품의 별점은 4점을 매겼다.

구매한 상품의 항목별 점수 및 한 줄 평 그리고 별점까지 작성해 친구들과 공유했고, 그 후 몇몇 친구들에게 본인도 사야겠다는 홍보 후기를 받아 성공적으로 제로 웨이스트 활동을 마무리했다. 해당 제품 사용이 어렵지 않다는 점을 강조하고 친근하게 다가가기 위해 딱딱한 사진 대신 해당 제품을 본떠 그린 그림과 함께 후기를 작성했다. 이를 SNS에 기재한 후 제로 웨이스트를 처음 접해본 친구들에게 해당 홍보 글이 어떻게 다가갔는지 물어보았더니 친구들은 생각보다 어렵지 않고 그림으로 설명해 제로 웨이스트에 대한 관심을 이끌기 충분했다고 말했다.

너도나도 제로 웨이스트

환경보전을 위해 노력해야 할 주체는 누구인가? 환경을 보전하기 위해 편의성을 버려야 하는가? 환경보전은 개인적인 차원에서 이루어지기 어려운가? 실천을 진행하며 고민했던 질문들이다. 제로 웨이스트 숍을 이용하면서 이 물음에 대한 해답을 찾을 수 있었다.

환경보전을 노력하는 사람들은 환경 보전단체에 속하거나 정부 차원에 해당하는 이들 위주였다. 환경 보전단체는 경각심을 일깨워주고 정부는 문제점을 수용해 해결할 제도 및 해결책을 제시하는 구조였다. 하지만 이런 방식의 환경보전은 큰 사건 또는 피해가 일어나야 이루어지는 수동적인 방법이고, 우리나라 교육과정에서도 환경을 파괴하는 행위로 제시되는 사례로 산림 벌목, 자가용 이용, 공장 등이 있다. 환경파괴의 원인을 대규모 단체의 행위 때문에 나타난다고 강조하는 기조 때문에 개인적인 환경보전을 위한 노력이 저조하다고 볼 수 있다.

환경파괴는 쓰레기를 버리는 주체를 살아가는 개개인 모두에게 책임이 있고, 개인 차원에서 쓰레기를 줄여 환경보전을 실천할 수 있는 쉬운 방법이 바로 제로 웨이스트 숍을 이용하기다. 실제로 사용하면 생각보다 어렵지 않다. 쓰레기를 최소화하기 위해 다 쓴 용기는 세척 후 사용하고, 재활용되지 않는 우유곽과 뚜껑은 모아 재활용하는 기업에 전달하고, 친환경적인 상품을 구매하기는 누구나 쉽게 할 수 있다.

환경보전을 위해 무엇을 할지 모르겠다는 주변 지인들에게 나는 제로 웨이스트 숍을 이용하는 삶을 추천한다. 이를 위해 나는 SNS로 관련된 활동을 홍보하고 있다. 제로 웨이스트와 함께하는 삶이 불편하거나 어렵지 않음을 깨닫는다면 개인적 차원의 환경보전 활동이 더욱 늘어날 것이다. 이는 환경보전으로 이어지고, 일상적인 행동으로 자리를 잡아 환경파괴를 줄이는 삶이 될 것이다.

쓰레기의 급증에 따른 문제점과 경각심은 날로 커지고 있다. 이런 수요에 제로 웨이스트 숍은 현재 매우 부족하고, 지역 단위로 이루어지다 보니 해당 상점에 대한 홍보가 부족하다. 정부에서는 제로 웨이스트를 지향하는 사업주에게 지원을 통해 적극적인 활동이 이루어지도록 해야 하고, 사업주는 제로 웨이스트 삶이 어렵지 않고 조금씩 습관을 바꿔나가는 중임을 홍보하는 적극적인 노력이 함께해야 한다.

나는 플로깅하는
대학생입니다

2021년 새 학기를 맞이해 상경했다. 기숙사에 생활하는데, 바로 앞에 성북천이 있고, 성북천 옆에는 수변 공원이 조성되어 있다. 군대 때 매일 아침 구보를 하면 하루가 상쾌했다. 그래서 전역 후에도 본가 근처를 달렸는데, 기숙사 근처에는 더 좋은 러닝 환경이 있었다. 그런데 함부로 버려진 쓰레기가 거슬렸고, 사회적 거리두기 이후 식당 운영 시간에 제한이 생겨 공원 근처로 2차로 술을 마시러 가는 사람들이 많아지자, 쓰레기는 더욱 늘었다.

달리면서 쓰레기를 주우면 환경에 도움이 되고 건강에도 좋은 일거양득이라는 생각이 들었다. 플로깅(plogging)은 '줍다' 라는 뜻의 스웨덴어 플로카 업(plocka upp)과 '달리다' 라는 뜻의 영어 조깅(jogging)을 합성한 단어로, 쓰레기를 주우며 가볍게 뛰는 행동을 이른다. 한국에서 '줍깅' 이라고도 부르는 이 운동을 하려면 쓰레기를 줍기 위해 다리를 구부리는 자세를 하면서 스쿼트를 하는 효과가 있고, 도구를 들고 달려서 팔 근력도 단련된다. 또 달렸다가 쓰레기를 줍기 위해 멈추므로 자연스럽게 인터벌 러닝 효과도 준다. 이런 장점을 알게 되어 플로깅을 하기로 마음먹었다.

플로깅 참여를 결심하고 준비 사항을 찾아보고 몇 가지에 유의했다. 플로깅은 별다른 준비가 필요 없지만, 비닐봉지와 비닐장갑은 되도록 쓰지 않는다. 비닐봉지와 비닐장갑 자체가 재활용이 힘든 쓰레기가 될 수 있기 때문이다. 비닐봉지 말고 에코백 같은 가방을 쓰고, 여의치 않으면 종량제 봉투를 사용해야 한다. 비닐장갑 대신 목장갑이나 집게를 사용해야 플로깅의 기본 정신과 참여 의의가 훼손되지 않는다. 그리고 분리배출은 당연히 제대로 해야 한다. 예를 들어 플로깅 때 수거한 플라스틱 쓰레기는 물로 행군 다음에 분리배출해야 한다. 우리나라의 플라스틱 재활용률이 27퍼센트 수준이라는데, 이는 재활용을 제대로 하지 못한 탓이 크다.

플로깅은 거리의 쓰레기를 줍는 활동이면서 운동이기도 하다. 그래서 어떤 방식으로 플로깅을 해야 효율적일지 고민했다. 효과적인 방법을 찾아야 운동과 환경보호라는 두 마리 토끼를 다 잡을 수 있지 않은가. 그래서 왕복 구간을 정하고, 처음 갈 때는 달리면서 쓰레기 위치를 확인하고 돌아오면서 쓰레기를 줍기로 했다. 운동과 쓰레기 줍기 둘 다에 집중할 수 있는 좋은 방법이라는 생각이 들었다.

이렇게 결정한 후 4월 둘째 주부터 5월 셋째 주까지 일주일에 두 번씩 성북구 안암교 일대 2킬로미터를 플로깅했다. 비가 오거나 미세먼지가 나쁘지 않다면 토요일과 월요일에 주로 했다. 주말에 특히 쓰레기 투기가 많고 쓰레기 청소가 부족하기 때문이다. 플로깅 시간은 한 번에 보통 20~25분 정도로, 수거한 쓰레기를 정리하고 처리하는 과정까지 합하면 30~35분 정도 소요되었다.

플로깅은 어찌 보면 사소한 행동이다. 외부 환경 영향을 많이 받아, 비가 오거나 바람이 강하게 불거나 황사가 심하면 하기도 힘들다. 하지만 이런 실천은 작지만, 쌓이다 보면 큰 변화로 이어진다. 작은 실천이 사회 전체로 퍼지면 가시적인 변화도 만들 수 있다. 사람이 환경문제를 일으켰다면 환경문제를 해결할 책임도 사람에게 있지 않을까.

환경문제 해결을 위해 한마디 덧붙이자면, 무엇보다 쓰레기 배출량 자체를 줄여야 한다. 플로깅을 하면서 무분별하게 버려진 쓰레기를 보면, 저 많은 쓰레기양 자체를 줄이지 않으면 환경보호가 쉽지 않다고 생각했다. 예를 들어 예쁘장하게 포장된 손수건이 아니라 별다른 포장물 없이 폐플라스틱 재활용 소재로 만든 손수건을 사용한다고 생각해보자. 이 손수건이 예쁘고 기능도 비슷하다면 쓰레기는 획기적으로 줄지 않을까? 쓰레기 배출량 자체가 줄어들고. 이런 식으로 쓰레기 배출량 자체를 줄임으로써 환경문제를 해결하는 실마리를 찾을 수 있으리라 생각한다.

친환경 운전법을
들어보셨나요

산업 규모가 커지면서 에너지 사용량이 늘어간다. 탄소중립 선언 후에도 에너지 사용량은 쉬이 줄어들지 않는 상황이다. 화석연료로 에너지를 생산하는 비중이 높은 한국에서 에너지 사용량의 20퍼센트를 담당하는 교통 수송 분야의 감소 노력은 다른 어떤 분야보다 더 절실하다.

나는 차를 운전한 지 4년 정도 되었고, 자동차 내부 시스템에 관한 정보도 자주 들여다본다. 그런 어느 날 스포츠 모드와 에코 모드가 눈에 띄었다. 이런 기능도 있었나 싶었다. 운전 모드가 다르다니. 아무 생각 없이 당연히 운전 모드는 같다고 생각했는데 갑자기 다르게 보였고, 운전도 이전보다 친환경적으로 습관화할 수 있지 않을까 생각했다.

찾아보니 2003년 영국에서 친환경 운전 운동이 시작되었고, 이웃 나라 일본도 2004년부터 이 운동에 참여했다고 한다. 친환경 운전 운동은 애써 노력하거나 힘들일 필요도 없을 뿐만 아니라 효율적인 운행이 가능하다고 한다. 그래서 나도 이 운동에 동참하기로 했다.

우선, 친환경 운전법부터 찾아보았다. 간단한 작동법이지만, 습관이 들지 않다 보니 일단 핸드폰 메모장에 적고, 습관이 될 수 있도록 운전하기 전에 메모장부터 읽었다. 그렇게 하다 보니 지금은 운전할 때 메모를 떠올리며 급출발, 급가속, 급감속하지 않기를 꼭 지키는 운전 습관을 지니게 되었다.

출발할 때 처음 3초 동안은 시속 20킬로미터 정도까지 천천히 가속해 출발한다. 아울러 불필요한 회전은 하지 않는다. 대기 중이거나 짐을 내릴 때 특히 이를 조심한다. 정차하거나 대기할 때 기어는 중립으로 둔다. 주행할 때 에어컨 사용은 최대한 줄인다. 그리고 자동차는 최대한 가볍게 한다. 전에는 트렁크에 있는 짐을 귀찮아 빼지 않았는데, 지금은 트렁크를 정리하는 습관이 들었다. 유사 연료나 인증받지 않은 연료는 사용하지 않고, 주행 경로도 파악해서 불필요한 운전을 피하도록 운전 전에 도로 상황 및 기상 정보를 확인한다. 한편, 연료차단 기능(fuel cut)도 적극적으로 활용해 내리막길 운전 때 관성 운전을 하고, 주기적으로 자동차 에어클리너를 점검, 정비한다.

이런 친환경 운전을 지속하면 연간 온실기체 배출량을 10퍼센트 줄일 수 있으며, 차 연비도 8퍼센트 정도 향상할 수 있다고 한다. 결국 친환경 운전은 환경뿐만 아니라 운전자에게도 경제적으로도 좋다. 그래서 나는 이런 습관을 다른 사람에게 적극적으로 추천하는 중이다. 물론 친환경 운전 운동은 개인의 노력과 함께 국가와 자동차 회사에서 필요성을 주기적으로 환기해주고 실천 의지를 꾸준히 북돋아야 한다. 환경문제는 개인과 사회가 별도일 수 없고, 이 문제는 이들 바퀴가 한데 어우러져야 해결할 수 있기 때문이다.

"영수증 드릴까요?"

종이에 글씨가 프린트되며 '지지지직' 영수증이 출력되는 소리 사이로 이런 질문이 자주 들린다. 하지만 그 영수증은 받든 받지 않든 곧장 쓰레기통으로 직행한다. 영수증을 찾을 때는 친구들과 돈을 나눠 내야 하거나 영수증을 지원금용 첨부 자료로 제출해야 할 때뿐이다. 뉴스를 찾아보니 2018년 기준 우리나라에서 발급된 종이 영수증은 128억 9천만 건에 이른다고 한다. 이에 따라 발생하는 온실기체 배출량은 약 2만 2,900톤이고 원목 12만 8,900그루가 쓰인다고 한다. 2020년부터 정부가 부가가치세법 시행령을 개정해 종이 영수증 발급 의무를 완화했다고 하지만 이를 실감하기는 힘들다. 지금 당장 아무 커피숍이나 들어가 보면 쓰레기통에 버려진 종이 영수증이 한가득하다.

하지만 가끔 "모바일(전자, 스마트) 영수증으로 드릴까요?" 하는 이야기가 들린다면 그 순간이 바로 종이 영수증을 사용하지 않을 기회다.

종이 영수증 사용하지 않기는 어렵지 않다. 조금만 신경을 쓰면 쉽게 할 수 있다. 우선, 자주 가는 대형마트 애플리케이션을 내려받는다. 가입을 완료하면 종이 영수증을 요구하기 전까지 모바일 영수증만 발급하게 되어 있다. 나는 종이 영수증이 딱히 필요 없어 계속해서 이 기능을 사용했다. 단골 카페 키오스크를 보니, 대기번호표와 영수증을 모바일로 받을 수 있다. 결제하고 핸드폰 번호만 입력하면 된다. 그러면 종이 영수증을 받지 않아도 되고 내 차례도 쉽게 확인할 수 있다.

개인의 노력이 아닌 국가 차원에서 진행되고 있는 정책은 없을까? 그래서 찾아보니 한국환경공단에서 시행하는 '탄소중립 실천 포인트' 제도가 있다고 해서 이를 적극적으로 이용했다. 이 제도는 2022년 1월부터 모바일 영수증을 이용할 경우 100원의 포인트를 적립할 수 있는 제도라고 한다. 탄소중립 실천 포인트 사이트에 가입해 참여 업체를 확인했다. 이곳에서 물건을 구입하고 모바일 영수증을 받으면 포인트가 적립된다. 찾아보니 주요 편의점, 마트, 백화점이 참여 중이다. 편의점을 이용할 때마다 모바일 영수증을 발급받아 포인트를 꼼꼼히 모으는 중이다. 이러다 보니 모바일 영수증을 이용하는 것이 습관이되었다.

모바일 영수증을 이용할 때 가장 큰 장점은 번거로움이 없다는 점이다. 종이 영수증은 환경에 해롭고 이를 만들고 처리하는 데 경제적 부담이 든다. 종이 영수증에 쓰이는 감열지가 건강에 좋지 않다는 말도 있다. 그렇다고 종이 영수증이 효율적이지도 않다. 다들 지갑에 종이 영수증을 많이 넣어 지갑이 불편했던 경험이 다들 있었을 것이다. 종이 영수증을 바지 주머니에 넣고 깜빡해서 빨래할 때 고생한 경험도 흔하다.

모바일 영수증은 점점 더 확산하고, 종이 영수증은 점차 감소할 것이다. 이제 대부분 스마트폰을 사용하고, 젊을수록 스마트폰 사용은 더 많고 활발하다. 모바일 영수증 발급이 어려운일이 아니며 고령층에 홍보하기도 어렵지 않다. 그리고 모바일 영수증으로 완전히 대체된다고 눈에 띄는 부작용이 떠오르지도 않는다. 앞으로 풀어야 할 환경오염 문제는 많지만, 하나하나 해결하다 보면 우리가 사는 지구가 더 깨끗해지리라 믿으며 나는 오늘도 모바일 영수증을 챙긴다.

함께 가요,
기후변화 전시회

많은 사람이 전시회를 간다. 미술관도 가고, 역사박물관도 가고, 사진 전시회도 간다. 관심사를 더 연구하기 위해 가기도 하고, 좋아하는 연예인이 미술품 전시를 해서 갈 때도 있다. 인스타그램 같은 SNS에 올리기 위해 전시회를 가는 이들도 있고, 새로운 영감을 받고 싶어 낯선 분야의 전시회를 찾는 이들도 있다.

그중에는 기후변화 전시회도 있다. 심각해진 기후위기를 많은 사람에게 알리고 경각심을 주기 위한 전시회다. 책이나 신문 같은 종이 속의 기후변화 정보만 알고 있는 나는 기후변화 전시회는 어떤 방식으로 진행되는지 궁금해서 가보기로 했다.

2022년 9월 24일부터 25일까지 이틀간 서울숲역, 뚝섬역 근처에서 열린 기후변화 전시회를 갔다. 기후변화 NGO에서 주최한 '지구가 더워가지구'였다. 기후변화 전시회라 무겁고 진중한 분위기 속에 섬뜩한 자료, 사진이 많을 줄 알았는데 아니었다. 2019년 《타임》지 올해의 인물로 뽑힌 스웨덴 환경운동가 그레타 툰베리와 관련된 영화를 상영하고 기후위기를 해결하지 못한 미래 모습을 묘사한 만화와 엽서도 전시 중이었다. 기후변화와 관련된 책들에서 더 많은 정보를 접할 수 있었고, 전시회를 다 둘러보고 나서는 루프탑에서 쉬면서 간단한 야외 전시와 문구도 보았다.

그동안 기후변화라는 주제는 내게 딱딱하고 무겁게 다가왔다. 가뭄으로 갈라지고 황폐해진 아프리카 대지, 인간이 버린 플라스틱 쓰레기에 다친 거북이, 시꺼먼 매연을 배출하는 중국 공장 모습만 생각했다. 하지만 이번 전시회를 통해 달라졌다. 귀여운 파란색 기린 마스코트가 반겨주고 가벼운 분위기였다. 기후변화를 가볍게 다루고 있는 건 아닌지 싶을 정도였지만, 오히려 전시회마저 무겁다면 사람들이 찾지 않으리라는 생각도 들었다. 지나치게 딱딱하면 오히려 무의식적인 거부감이 들거나 식상하다고 느끼면서 역효과만 나고 외면할 수도 있다. 이런 분위기라면 어린이도 가볍게 관람할 수 있고, 그럼으로써 기후변화 상황을 알아가는 아이들이 더 많이 나올 수 있다. 기후변화 전시회는 좋은 경험이었고, 이런 전시회가 많아지기를 기대한다.

담배꽁초 없는
길

여기저기 버려져 있는 담배꽁초

밖에서 30분 정도 돌아다니면서 쓰레기를 주우면 무엇을 가장 많이 주울까? 내 플로깅 경험상 담배꽁초가 가장 많이 나왔다. 주택가이든 하천이든 번화가이든, 낮과 밤 상관없이, 어느 계절이라도 담배꽁초가 가장 많이 버려져 있다. 휴지나 카페 플라스틱 컵도 많이 버려져 있으나 담배꽁초에 비하면 턱없이 적은 편이다.

흡연자라면 주변에서 담배 좀 끊으라는 말을 많이 듣는다. 단순한 금연 권고를 넘어 강경하게 담배 끊기를 주장하는 사람도 있고, 흡연자가 아닌 사람들 대다수는 금연 정책 확대를 지지한다. 담배가 흡연자의 몸에 나쁘기도 하고, 간접흡연과 쓰레기 배출이라는 민폐 행위도 심하기 때문이다.

학업 자료 때문에 찾던 예전 신문에도 담배꽁초 이야기가 등장한다. 1962년 12월 4일 기사인데, 서울시 시민헌장 추진위원회가 깨끗한 길거리를 만들기 위해 길거리에 담배꽁초를 버리지 말자는 캠페인을 진행한다는 내용이다. 60년이 지나도 크게 개선되지 않았나 보다.

금연은 쉽지 않아 흡연자에게 즉각적인 변화를 기대하기는 어렵다. 하지만 담배꽁초만이라도 함부로 버리지 않는다면 환경보호에 조금이나마 기여할 수 있지 않을까. 금연을 늘 결심하지만 실패하는 내 처지에서 담배꽁초만이라도 함부로 버리지 않기를 실천한다면 어떨지 생각했다. 나아가 이렇게 실천하다 보면 흡연과 멀어지는 계기도 될 수도 있겠다 생각하면서.

함부로 버리고 쌓이는 쓰레기

담배를 피우면 흡연자의 건강에도 해롭지만 주변 사람들에게

간접흡연 피해를 준다. 담배를 피운 뒤 발생하는 꽁초는 환경에 적지 않은 영향을 미친다. 2020년 기준으로 국내에서 담배꽁초가 하루에 약 1,246만 개, 매년 45억 4,115만 개가 길거리에 버려졌다. 담배꽁초가 도시 내 하수구 입구 빗물받이 주변에 쌓여 배수로가 막히면 빗물 역류 및 침수 피해가 발생한다. 담배꽁초의 필터(셀룰로스 아세테이트)는 1만 2,000개의 미세플라스틱을 포함하며, 자연분해 되든 데 10년 이상이 걸린다. 하수구로 유입된 담배꽁초는 바다로 흘러가 미세플라스틱이 되어 해양생태계를 교란하고 오염을 일으킨다. 2022년에 담뱃불 부주의로 발생한 화재는 6,289건으로 전체 화재(40,113건)의 15.7퍼센트를 차지했다.

담배꽁초를 함부로 버리지 않기는 매우 간단하다. 흡연구역 내에서만 흡연하면 된다. 재떨이나 쓰레기통이 없으면 피우지 않으면 된다. 그래서 나는 흡연구역과 재떨이가 있을 때만 담배를 피웠다.

쉬워 보였지만 흡연 유혹은 강력했다. 나만 실천한다고 해서 되는 일도 아니었다. 같이 있는 사람들은 재떨이나 쓰레기통이 없어도, 금연 구역이 아니라면 거리낌 없이 담배를 피운 다음 아무 일도 아니라는 듯 꽁초를 바닥에 던져버린다. 꽁초를 재떨이나 쓰레기통이 나올 때까지 가지고 다니기도 쉽지 않은 일이다.

그러다 이웃 나라 일본에서는 흡연자들 대부분이 휴대용 재떨이를 들고 다닌다는 뉴스 기사를 보았다. 담배꽁초를 함부로 버리지 않기 위해 흡연 후 꽁초를 휴대용 재떨이에 넣고 다니다가 재떨이나 쓰레기통을 발견하면 거기에 버린다고 한다. 좋은 습관 같아서 인터넷 쇼핑몰을 바로 찾아보았다. 지우개보다 조금 큰 휴대용 재떨이를 5천 원 정도에 팔기에 곧바로 구매했고, 도착한 날부터 지금까지 계속 사용 중이다.

그 후 같이 있던 사람이 꽁초를 바닥에 버리려고 하면 휴대용 재떨이에 넣으라고 했다. 처음에는 휴대용 재떨이를 들고 다니면 냄새가 날까 봐 걱정했지만, 주기적으로 휴대용 재떨이를 청소하고 씻으면 냄새가 심하지 않았다. 꽁초 일곱 개 정도가 들어가면 비워야 하는데, 이때 가볍게 물로 닦으면 깨끗해진다. 또한 쓰레기 배출 감소와 사회 매너를 위해 휴대용 재떨이 사용을 지인 흡연자들에게 권유했고, 네 명이 지금도 휴대용 재떨이를 사용하고 있다.

금연이 어렵다면 휴대용 재떨이라도

흡연자 이미지가 좋지 않은 것은 부정할 수 없으며, 흡연이 몸에 나쁘다는 사실도 과학적으로 증명되었다. 그래도 으레 흡연자는 담배가 몸에 좋지 않다는 것을 잘 알지만 불법도 범죄도 아니고 정당하게 돈을 내고 하는 행위가 왜 욕먹어야 하느냐고 항변한다. 이러한 반론은 타당한 면이 있다. 하지만 이들에게 왜 담배꽁초를 길에 버리느냐고 물어보면 100명 중 99명은 아무 말도 하지 못한다.

쓰레기 무단투기를 최소화하기 위한 노력도 하지 않으면서 이미지가 나쁘다고 불평한다면 이기적이다. 흡연 자체는 불법이 아니니 흡연자에게 금연을 강요할 수는 없지만, 휴대용 재떨이 상시 휴대가 사회 보편적인 예의이자 상식이 되도록 국가에서 나서면 어떨까. 공익광고를 통해 지속해서 홍보한다면 분명히 변화가 생길 것이다.

금연할 수 있다면 더없이 좋겠지만, 그렇지 못하다면 담배꽁초를 길에 버리지 않기라도 해보자. 환경도 지키고 본인의 평판도 좋게 만드는 방법이다.

부끄러운 고백이지만 나는 환경보호에 대한 자각이 없었다. 담배를 피우고 꽁초를 길에 아무렇지 않게 버렸다. 여기저기에서 선물을 받거나 기념품으로 산 텀블러와 에코백을 사용하기보다는 편의점에서 플라스틱 페트병에 담긴 생수를 사고 비닐봉지를 사용했다. 길을 가다가 맛있어 보이는 디저트와 군것질거리를 발견하면 '어차피 비싸지도 않으니 배부르면 남기면 되지!' 하고 샀다. 물론 다 먹지 못하고 남긴 적이 많았다.

그런 내가 환경 강의를 들으며 새로운 나와 마주했다. 기후위기를 일으키는 나의 사소한 행동이 얼마나 큰 문제로 이어지는지 몰랐고, 나 자신을 되돌아보는 기회가 되었다. 전에는 2층에 있던 카페까지 걸어 올라가기 귀찮아 엘리베이터를 탔다. 카페가 집에서 멀지도 않은데 굳이 차를 타고 갔다. 운전하면서 트렁크에 꺼낸 페트병에 담긴 물을 마셨다. 작업하다가 일이 풀리지 않으면 담배를 피우고 화분에 꽁초를 던지기도 했다. 그러는 내가 갑자기 부끄러워졌다. 지금 나는 외출할 때 텀블러에 물을 챙기고 가방에 에코백을 넣고 다닌다. 2~3층 정도는 계단으로 올라간다. 휴대용 재떨이를 들고 다니면서 꽁초를 함부로 버리지 않는다.

물론 아직도 지구에 나쁜 행동을 무의식적으로 하고 다닌다. 어떤 행동이 어떤 영향을 미칠지 완벽하게 알기는 힘들기 때문이다. 하지만 행동 하나하나의 나비효과를 일으킬 수 있음을 알고 난 뒤부터는 그런 행동을 최대한 하지 않으려 노력 중이다. 그리고 이 노력은 매일 3시간 운동하기, 세끼를 닭가슴살만 먹기처럼 힘들지도 않다. 손쉬운 노력으로 뿌듯하고 의미 있는 활동을 할 수 있다.

내가 먼저 시작하고, 환경을 보호하는 일에 동참하는 사람이 늘어나면 세상은 틀림없이 바뀐다. 그래서 오늘도 모두를 위한 결정적인 시작을 실천한다.

"오늘 안녕하신가요?"

"우리가 발 디디고 숨 쉬는 공간인 지구도 안녕할까요?"

당연한 인사말이 날마다 예사롭지 않게 들리는 것은 왜일까? 이런 질문에는 우리 삶의 터전인 지구가 어제와 같지 않다는 모두의 우려가 깃들어 있다. 오늘날 지구촌은 코로나19, 기후위기, 미세먼지, 생물다양성 소실, 생태계 파괴와 교란, 에너지 안보위기, 식량위기, 미세플라스틱, 화학물질, 산불, 자연재해 등을 겪고 있다. 날이 갈수록 미래에 대한 불확실성이 커지고 있다.

인류의 미래가 암울하다는 비관적인 뉴스와 관련 책이 매일 쏟아진다. 누구도 미래에 닥쳐올 환경위기를 원하지 않았으나 현실에서는 인류 앞에 놓인 환경오염과 파괴 문제를 극복할 방안도 찾지 못한 채 허둥대고 있다. 우리를 고통스럽게 하는 환경문제가 왜 발생했는지, 이런 상황을 벗어나려면 무엇을 어떻게 해야 할지도 모른다. 그러다 보니 언론에 환경오염이나 환경파괴와 관련된 보도가 나오면 일단은 모두가 흥분한다. 나아가 환경을 오염시키고 파괴한 대상을 규탄하고 사회에서 매장하려 든다. 누가 문제를 일으킨 주범인지를 찾는 대상사냥도 서슴지 않는다.

내 삶의 질을 떨어뜨리고 생활을 불편하게 하는 환경체계의 이상 현상을 일으키는 주범은 누구인가? 왜 내가 그런 고통을 겪어야 할까? 나는 환경오염과 파괴에 따른 부담을 져야 하는 피해자일까? 나는 지구촌 환경문제의 원인을 제공하는 가해자는 아닐까? 사실 우리는 모든 환경문제의 피해자이기도 하지만 동시에 문제를 일으킨 원인 제공자 또는 가해자이기도 하다. 다만 애써 환경적 현안이 나와는 관련 없으리라 회피하고 자신을 예외로 삼고 싶을 뿐이다.

'어머니와 같은 지구(Mother Nature)'에 나는 어떤 존재인지 스스로 질문할 때다. 모든 일에는 문제를 일으킨 원인이나 이유가 있고, 지구촌의 환경문제도 여러 과정을 걸쳐 서서히 만들어졌다. 지구를 이루는 땅, 공기, 물, 생물, 인류는 보이지 않는 그물망으로

서로 촘촘하게 이어져 있다. 우리가 겪고 있는 지구촌 환경문제의 출발점에는 다른 사람이 아닌 소비자이면서 생산자인 우리 자신에게 있다. 우리 자신부터 지구를 살리는 일에 나설 때 주변 사람들의 동참을 이끌어 문제를 해결할 수 있다. 세상을 제자리에 되돌려놓은 일의 출발은 우리 자신에서부터 시작된다.

많은 문제가 그렇듯 원인과 결과는 가까운 곳에 있으며, 지구에서 일어나고 있는 일도 마찬가지다. 지금 겪고 있는 환경문제의 출발점은 개인으로부터 발생하고, 해결책도 나부터 시작해야 한다. 내 덕, 내 탓이 아닌 나부터 생활인, 소비자, 생산자, 공급자, 유권자로서 지구의 환경에 부담을 주거나 오염과 환경파괴를 부추기는 일을 줄이고 멈춰야 한다. 이는 환경문제를 해소할 수 있는 가장 효과적이고 확실한 출발점이다. 다른 사람 덕으로 내가 쾌적한 삶을 누리기를 기대하는 한 세상은 결코 달라질 수 없다.

젊은 세대의 친환경 실천 경험이 현대사회가 풀어야 할 지속 가능한 사회를 만드는 새로운 출발점이 되기를 희망한다. 지구와 더불어 사는 삶(*Homo symbiosis*)의 시작은 오늘, 바로 지금 나로부터 시작된다.

추천하고 싶은 책

공우석 지음, 《왜 기후변화가 문제인가》, 반니, 2018.

공우석 지음, 《키워드로 보는 기후변화와 생태계》, 지오북, 2012.

공우석 지음, 《기후위기: 더 늦기 전에 더 멀어지기 전에》, 이다북스, 2020.

공우석 지음, 《바늘잎나무 숲을 거닐며》, 청아출판사, 2020.

공우석 지음, 《생태: 지구와 공생하는 사람》, 이다북스 2020.

공우석 지음, 《숲이 사라질 때》, 이다북스, 2021.

공우석 지음, 《처음 지리학》, 봄마중, 2022.

공우석 · 김소정 지음, 《이젠 멈춰야 해! 기후변화》, 노란돼지, 2021.

존 라이언 등 지음, 고문영 옮김, 《녹색 시민 구보 씨의 하루》, 그물코, 2003.

데이비드 드 로스차일드 지음, 환경운동연합 옮김, 《뜨거운 지구에서 살아남는 유쾌한 생활습관 77》, 추수밭, 2008.

마이클 셸런버거 지음, 노정태 옮김, 《지구를 위한다는 착각》, 부키, 2021.

헨리 스티븐스 솔트 지음, 서나연 옮김, 《나는 유별나지 않다》, 이다북스, 2022.

박경화 지음, 《도시에서 생태적으로 사는 법》, 명진출판, 2004.

조안나 야로우 지음, 에너지경영전략연구원 옮김, 《친환경 지구인 되기》, 매일경제신문사, 2009.

조안나 야로우 지음, 황정일 옮김, 《지구를 구하는 1001가지 방법》, 도요새, 2009.

전민진 지음, 《줄이는 삶을 시작했습니다》, 비타북스, 2021.

최재천 등 지음, 《한국인을 읽는다》, 베가북스, 2021.

토머스 M. 코스티젠 · 엘리자베스 로저스 지음, 김영석 옮김, 《그린북》, 사문난적, 2009.

후쿠오카 켄세이 지음, 김경인 옮김, 《즐거운 불편》, 달팽이, 2012.

나는 언제나 선한 마음의 가치를 알리려고 노력합니다.

이 간단한 인간 본성의 측면은 거대한 힘으로 커질 수 있습니다.

여러분이 지닌 선한 마음과 지혜에 올바른 동기 부여가 주어진다면

해야 될 일이 자동적으로 이루어질 것입니다.

모두가 모두를 위한 진정한 자비를 바탕으로 행동하기 시작한다면

우리는 여전히 서로와 자연환경을 보전할 수 있을 것입니다.

이것이 미래에 닥쳐올 심각하고 예측 불가한 환경 조건에

적응하는 것보다 훨씬 쉽습니다.

— 텐진 지아초(14대 달라이 라마)

인격적으로 점잖은 무게 '드레'

드레북스는 가치를 존중하고 책의 품격을 생각합니다